96%의 사람들이 모르는
다섯 가지 부의 비결
Five Wealth Secrets 96% of us Don't Know

96%의 사람들이 모르는

다섯 가지 부의 비결
Five Wealth Secrets 96% of us Don't Know

2013년 9월 26일 초판발행
2025년 9월 20일 초판 12쇄

지은이	크래그 힐
옮긴이	김민희

펴낸이	권영석
편집디자인	조재천
펴낸곳	기독서원 하늘양식
출판등록	제 2-4761호(2007. 11. 28)
주 소	서울시 중구 서애로5길 9 퍼스트빌 비101
전 화	02) 2277-1424
팩 스	02) 2277-1947
E-mail	koprint@hanmail.net

찍은곳	고려문화사
전 화	02) 2277-1425

ISBN 978-89-94542-11-9   03230

정가 10,000원

※ 본 저서의 한국어판 발행권은 기독서원 하늘양식에 있습니다. 잘못된 책은 바꾸어 드립니다.

96%의 사람들이 모르는
다섯 가지 부의 비결
Five Wealth Secrets 96% of us Don't Know

크래그 힐(Craig Hill) 지음 / 김민희 옮김

국제가정사역원
FAMILY FOUNDATIONS INTERNATIONAL

P.O. Box 320
Littleton, CO 80160
Website: www.familyfoundations.com

기독서원 하늘양식
Christian Books of Heavenly Word

이 책의 예화에 나오는 인물들은 저자가 실제로 아는 사람들이다. 하지만 사생활 보호를 위해 인물의 이름과 중요하지 않은 세밀한 사항은 바꾸었다. 어떤 예화는 순서대로 일어난 사건이 아니라 몇 사건을 모은 것이나, 모두 실제 상황의 이야기다.

감사드립니다

이 책에 담긴 많은 원리를 내게 가르쳐 주신 내 아버지 길멘 힐께
그래픽 디자인을 해 준 제이슨 더들리께
문법 편집을 해 준 크리스탈 맥클렁께
포맷과 활자화를 해 준 DD 터커께

한국어 번역본의 글 흐름을 살펴봐 주신 소설가이며 예수 전도단
독수리 C & R학교(2012년)에 계신 강영길님께
한국어 번역본의 경제 용어 분야에 도움을 주시고 교정을 봐 주신
푸르덴셜에 근무하시며 예수 전도단 독수리 제자 훈련 학교(2012년
BEDTS)에 계신 안승현님과 그의 아내 최재연님께

번역자의 글

2011년, 2012년 예수 전도단 독수리 제자 훈련학교, 지도자 훈련학교 (BEDTS, BELTS)에서 크래그 힐 목사님의 재정 강의를 통역하면서 크래그 힐 목사님을 알게 되었다. 학생들과 간사님들은 하루 종일 직장에서 일하고 와서 지친 몸으로 강의를 들었으나 우리 삶의 아주 실제적인 주제인 '돈'에 대한 강의를 들으면서는 졸 수가 없었다. 그리고 한번만 강의를 들어도 요점이 무엇인지 분명하게 전달하는 크래그 목사님의 탁월한 강의 능력은 하나님 나라에서의 재정 관리법에 대해 쉽고 명확하게 전달하며 듣는 사람들을 집중하게 한다.

제한된 강의 시간에 다 다루지 못하는 내용이 책으로 나왔고 이제 한국어로도 번역이 되어 지금 이 마지막 때에 하나님 나라에서 중요한 역할을 하는 한국 사람들이 이 책을 읽게 되어 참 기쁘다.

우리의 영성이 가장 실제적으로 드러나는 부분이 성(Sex)의 영역과 재정(Finance) 영역이라고 하는 말을 많이 들었다. 재정 관리의 영역에서 우리가 하나님의 원리를 알고 실천해서 하나님께 영광을 돌림은 물론 다음 세대를 준비시키는 데도 이 책이 사용되었으면 좋겠다.

2012년 7월
번역자 김민희

추천의 글

"20대 초반에 이 책을 읽었더라면 얼마나 좋았을까! 내가 만약 20대 초반에 크래그 힐의 책 **"96%의 사람들이 모르는 다섯 가지 부의 비결"**을 읽고 그가 책에서 제시하는 내용을 실천했다면 나는 아마 열 배나 더 부자가 되었을 것 같다. 이 책은 모든 사람이 다 읽어야 되는 필독서이지만 특히 모든 젊은이들이 읽어야 한다. 당신도 꼭 이 책을 읽고, 당신 자녀가 돈의 개념을 이해할 나이가 되면 자녀들도 이 책을 꼭 읽게 하라. 훌륭합니다. 크래그!"

오스 힐맨(Os Hillman) - Marketplace Leaders의 회장, "TGIF Today God Is First and Change Agent" 의 저자

"부자가 되고 싶은 사람을 위한 입문서! 하나님께서는 우리가 돈을 사용하는 기본 원리에 있어서 어려움이 있으리란 것을 아셨기 때문에 신약 성경에서 구원에 대한 비유보다 돈에 대한 비유를 더 많이 말씀하셨다. 이 책에서 크래그는 많은 사람들에게 흔히 있는 재정적 문제를 겪고 있는 한 가족이 성경에 있는 재정의 원리를 적용함으로 삶이 완전히 변화되는 이야기를 해 준다. 그리고 좋은 소식은 당신의

현재 재정 상태가 어떻든 관계 없이 이 원리들을 삶에 적용하기 시작하면 당신도 성공을 기대할 수 있다는 것이다. 이것은 하나님의 지혜일 뿐 아니라 약속이기도 하다!"

쌤 캐스터(Sam Caster) - 기업인, 텍사스 달라스의 'Mannatech and MannaRelief Ministries'의 창설자

"유대인들은 성경적 원리를 따르도록 교육받으며 성장하기 때문에 많은 유대인들은 재정적으로 성공한다. 내가 아는 최고의 교사 중 한 명인 크래그 힐이 가르쳐 주는 다섯 가지 부의 비결을 실천하면 경제 상황이 어떻게 변하든 관계 없이 모든 상황에서 누구나 재정적으로 성공할 수 있다!"

씨드 로쓰(Sid Roth) - 저자, 라디오와 TV 인기 출연자, TV프로그램 It's Supernatural!의 진행자, Messianic Vision의 창설자

차례

서문 ······ 11
들어가는 말 ······ 13

Chapter 1 여러 항아리를 사용하라 ······ 25
Chapter 2 비전에 집중하라 ······ 53
Chapter 3 배가되는 것에 투자하라 ······ 79
Chapter 4 배가시키는 사람에게 투자하라 ······ 101
Chapter 5 경제 사이클을 예상하라 ······ 131
Chapter 6 두 세대에게 유산을 남기라 ······ 157
Chapter 7 결론 ······ 175
부록 ······ 187

서문

성경은 정말 놀라운 책이다. 성경은 우리의 삶의 이슈들에 대해 아주 특별한 방법으로 우리를 지도해 준다. 돈 문제에 대해서도 성경은 할 말이 많다. 성경에는 돈에 대해 2,000번이 넘게 언급 되어있다.

성경은 또한 결과에 대해 말 해 주는 책인데, 특히 재정과 관련되어서 더욱 그렇다. 재정을 잘 관리하는지 잘못 관리하는지에 따라 확연히 다른 결과가 발생한다. 우리가 하나님에 대해 아는 바 중의 하나는 하나님이 결과의 하나님이라는 것이다. 우리가 하나님의 말씀을 따르면 하나님이 주시는 축복이 분명히 우리 삶에 오고, 그 분의 말씀을 어기면 분명히 부정적인 결과가 생긴다.

지난 몇 세기 동안 미국과 세계 여러 나라에서 경제가 사이클로 돌아가는 것을 우리는 보았다. 경제계에 작용하는 증명된 원리들이 있다. 성경에 나오는 재정의 원리를 어기면 굉장히 부정적인 결과가 생길 수 있다.

지금 우리는 1930년 대 대공황 이래 최악의 경제적 재앙 속에 살고 있다. 구약의 잇사갈 지파가 때의 징조를 아는 사람들이었던 것처럼 성경은 우리에게 때를 분별할 줄 알아야 한다고 말한다. 하나님이 주시는 경고에 귀를 기울이고 성경의 진리대로 사는 사람은 불확실한 때에도 성공할 수 있다. 반면 그렇지 않은 사람은 하나님의 원리에 대해 무지했거나 불순종한 결과의 고통을 겪게 될 것이다.

내가 처음 크래그 힐을 만난 것은 2010년이었고 우리는 금방 친구가 되었다. 8~10개월 만에 나는 그가 쓴 책을 다 읽었다. 그의 글은 지식으로 가득하지만 더 중요한 것은 지혜로 가득하다는 것이다. 그는 다른 성경교사들과 달리 진리와 적용 둘 다를 계시한다.

"96%의 사람들이 모르는 다섯 가지 부의 비결" 에서 크래그는 광범위한 경제 지식과 성경 지식을 합하여 돈을 어떻게 관리해야 할 지의 놀라운 진리를 이야기 형태로 전달한다. 나의 유일한 불평은 내 인생의 너무 늦은 시기에 이 책을 읽게 되었다는 것이다. 20대 초반에 내가 이 책을 읽었더라면 좋았을 텐데 말이다. 이 책에 나오는 지혜를 적용하며 살았다면 내 삶이 얼마나 달라졌을까!

이 책은 먼저 당신이 소화하고 원리들을 적용하고 나서 젊은이들에게 나누어야 하는 종류의 책이다. 이 책에 나오는 진리는 현재 우리가 살고 있는 이 때를 위한 "지금의" 원리이다. 이 책이 지금의 우리를 위한 통찰력 있고 실제적인 책이라는 것을 당신도 알게 될 것이다. 내가 이 책을 읽고 이 책에 나오는 원리를 적용함으로 도움을 받았던 만큼 당신도 그렇게 되기를 바란다.

오스 힐맨
Marketplace Leaders 의 회장
"TGIF; *Today God Is First and Change Agent*" 의 저자

들어가는 말

여러 해 전에 나는 베스트 셀러 작가인 로버트 키요사키(Robert Kiyosaki) – "부자 아빠 가난한 아빠"(Rich dad, poor dad)의 저자 – 의 동영상을 보고 감동을 받았는데, 거기서 그는 흥미로운 통계 자료를 인용하며 말했다. 키요사키는 각 사람의 성장배경과 재정에 관해 가진 지식에 따라 사람마다 돈을 아주 다르게 쓴다고 말했다. 오늘 우리가 100사람에게 1,000만 원씩을 주면서 쓰고 싶은 대로 쓰라고 한다면, 1년 후의 결과는 어떻게 될까? 로버트 키요사키에 따르면 100명 중 80명은 남은 돈이 하나도 없을 것이고 16명은 1,030만 원 ~ 1,050만 원, 또는 돈을 은행에 넣어서 이자가 생긴 만큼 정도의 액수가 있을 것이다. 4명은 2,000만 원 ~ 10억 원 정도가 있을 것이다. (두 배에서 100배 이상까지 늘림)

여기서 당연히 하게 되는 질문은 "96%의 사람들은 모르는, 4%의 사람들이 알고 실천하는 원리는 무엇인가?"이다. 키요사키가 계속해서 말하는 것은 그 해답이 재정적으로 뛰어난 사람에게 있는 타고난 산술적 기능이라는 것이다. 80%의 사람들은 뺄셈을 아주 잘 하고 16%의 사람들은 덧셈을 좀 알고 4%의 사람들만이 곱셈을 배웠다는 것이다. 간단히 말하자면

80% − (쓴다), 16% + (모아 둔다), 4% × (배가시킨다)

이 책에서 우리는 96%의 사람들과 4%의 사람들의 생각과 실천 사항을 대조해서 볼 것이다. 16%의 사람들은 중간에 있으면서 4% 사람들이 아는 첫 번째 비결을 약간 알지만, 4%의 사람들이 아는 부를 창출해 주는 다섯 가지 비결을 실천하는 것을 배우지는 못했다. 이 책에서는 16%의 사람들을 80%의 사람들과 합쳐서 96%의 사람들을 부자 4%의 사람들과 대조해서 볼 것이다. 그러면 먼저 4% 사람들이 이해하고 있는 중요한 내용을 살펴 보자.

지혜 : 부

일반적으로 4%의 사람들은 **부, 지위, 권력보다 지식과 지혜를 더 가치 있게 여김**을 보게 된다. 고대 이스라엘에서 다윗 왕의 아들 솔로몬이 왕위에 올랐을 때, 그는 하나님께 아주 흥미로운 기도를 했다. 다음의 내용이 성경에 기록되어 있다:

대하 1:7-12

7 이 밤에 하나님이 솔로몬에게 나타나사 이르시되 내가 네게 무엇을 줄꼬 너는 구하라

8 솔로몬이 하나님께 여짜오되 주께서 전에 큰 은혜를 나의 아비 다윗에게 베푸시고 나로 대신하여 왕이 되게 하셨사오니

9 여호와 하나님이여 원컨대 주는 내 아비 다윗에게 허하신 것을 이제 굳게 하옵소서 주께서 나로 땅의 티끌 같이 많은 백성의 왕을 삼으셨사오니

10 주는 이제 내게 지혜와 지식을 주사 이 백성 앞에서 출입하게 하옵소서 이렇게 많은 주의 백성을 누가 능히 재판하리이까

11 하나님이 솔로몬에게 이르시되 이런 마음이 네게 있어서 부나 재물이나 존영이나 원수의 생명 멸하기를 구하지 아니하며 장수도 구하지 아니하고 오직 내가 너로 치리하게 한 내 백성을 재판하기 위하여 지혜와 지식을 구하였으니

12 그러므로 내가 네게 지혜와 지식을 주고 부와 재물과 존영도 주리니 너의 전의 왕들이 이 같음이 없었거니와 너의 후에도 이 같음이 없으리라

그 이후에 그 시대 가장 부자로 알려졌던 솔로몬이 하나님께 부나 재물, 명예보다 지혜와 지식을 구한 것을 우리는 보게 된다. 4%의 사람들도 이렇다는 것을 나는 발견했다. 보통 96%의 사람들은 부와 권력 또는 지위를 추구하는 반면 4%의 사람들은 지혜와 지식을 추구한다. 사실 4%의 사람들은 지혜와 지식으로 인해 부와 지위와 권력도 얻게 된다. 예를 들어 이 4%의 사람들에게서 부를 완전히 빼앗아 가도 이들은 짧은 2년 내에 다시 부를 갖게 된다는 것은 잘 알려진 사실이다. 반대로 96%의 사람들은 몇 십 억 원짜리 복권에 당첨되어도 몇 년 내에 모든 돈을 잃는 경우가 많다. 왜 그럴까? 96%의 사람들은 부를 유지할 수 있는 지식이나 지혜가 없고, 4%의 사람들

은 부를 창출하고 유지하는 타고난 지식과 지혜가 있기 때문이다. 지혜로운 자에게는 부가 열려 있고, 지혜가 부족한 자에게는 부가 가려져 있다.

한 우크라이나 친구가 내게 다음 이야기를 해 주었다. 그의 미국인 친구 한 사람이 매우 부자였는데 내 친구, 우크라이나 인이 하고 있던 기독교 사역을 살펴보고 어떻게 후원할 지를 고려하기 위해 개인 비행기를 타고 러시아의 한 도시에 왔다. 그 부자가 그 곳을 방문하는 동안에 내 친구는 앞으로 사업을 하려고 하는 러시아인 몇 사람과 부자 미국인과의 만남을 주선했다. 이 모든 미래의 사업가들은 이 부자 미국인이 자신들의 사업에 관심을 가지고 자금을 지원해 주기를 바라며 모임에 왔다.

하지만 한 러시아 사람은 자금에 대한 생각을 하지 않고, 미국인 부자의 지혜를 배우려는 바람으로만 왔다. 부자 사업가가 그들에게 무엇이 사업의 성장을 막는 요소냐고 물었을 때, 그들 모두는 이구동성으로 자금 부족이라고 대답했으나 단 한 사람만 지혜의 부족이 자신의 한계라고 말했다. 그 러시아 사람은 큰 사업과 큰 자금을 관리하는데 필요한 '지혜와 성품'을 그가 갖추게 되면, 사업을 확장하는데 필요한 막대한 자본을 하나님께서 풀어 주실 것을 확신한다고 말했다. 그가 미국인 부자에게 말했다. "저는 당신의 돈이 필요한 것이 아니라 당신의

"저는 당신의 돈이
필요한 것이 아니라
당신의 지혜와 조언이
필요합니다."

지혜와 조언이 필요합니다." 이 태도가 부자 미국 사업가에게 대단히 깊은 인상을 남겼기에 그는 이 러시아인에게 자신의 지혜와 경험을 심어주며 그를 멘토링 해 주기로 결정했다. 그리고 그는 어느 누구에게도 자금은 공급하지 않기로 결정했다.

몇 년이 지난 후, 나는 그 모임에 참석했던 사람들이 어떻게 되었는지 친구에게 물었다. 지혜를 구했던 그 사람은 지금 러시아 여러 도시로 확장된 급성장하는 수십억 원짜리 기업을 운영하고 있고 다른 사람들은 지금도 여전히 사업을 시작할 자금을 기다리고 있다고 내 친구는 말 해 주었다. 사업이나 재정 상황에서 발전해 나가기 위해 필요한 것은 무엇일까? 더 많은 지혜와 훌륭한 성품인가, 아니면 더 많은 돈인가?

지혜는 영과 진리 둘 다를 수반한다.

내 친구 얼 피츠가 여러 해 전에 그의 유대인 회계사와 했던 흥미로운 대화를 내게 들려 주었다. 세금에 대해 이야기를 하고 나서 얼이 회계사에게 개인적인 질문을 해도 되겠냐고 물었다. 회계사가 흔쾌히 그러라고 했다.

얼이 물었다. "당신 고객 중에 유대인도, 기독교인도 있죠. 맞나요?"

"네, 당연히 그렇죠." 회계사가 대답했다.

"그럼 솔직하게 얘기해 주세요." 얼이 계속 말했다. "누가 더 부자인가요? 유대인 고객과 기독교인 고객 중에 누가 더 돈이 많은가요?"

회계사가 어깨를 으쓱하며 반응했다. "당연히 유대인이죠. 아마 열 배 정도 더 부자일 거예요."

얼이 다시 물었다. "하나 더 질문 할게요. 당신도 유대인이잖아요. 왜 유대인이 기독교인보다 훨씬 더 부자라고 생각하나요?"

회계사는 잠시 가만히 있다가 얼이 가지고 있던 성경책을 집어 들고는 다음과 같이 말했다. "당신 기독교인들은 이 책의 뒷부분으로 사는 것 같구요, 우리 유대인들은 이 책의 앞부분으로 사는 것 같아요. 기독교인에게는 안 되었지만 재정 원리 대부분은 책의 앞 쪽에 있어요. 우리 유대인은 이 원리들을 믿고 지키는 반면, 당신 기독교인들은 이것을 '구약'이라고 무시하고 소홀히 대하는 것 같아요. 그런데 이 원리들을 지키는 것이 사람을 재정적으로 성공하게 하는 요인이라고 나는 믿습니다."

얼에게서 처음 이 말을 들은 이후로 나는 유대인 친구들이 다음과 비슷하게 설명하는 것을 여러 번 들었다. "당신 기독교인의 믿음을 완전히 다 이해하지는 못하지만 제가 이해한 바로는 대부분의 기독교인은 성경의 기본적인 원리를 어기면서도 그리스도의 희생으로 베풀어 주신 은혜로 인해 용서받았기 때문에 모든 것이 괜찮다고 생각하는 것 같습니다. 대부분의 기독교인은 잠언이나 구약은 '율법서'이니까 거기 나오는 재정의 원리에는 아무 신경 안 써도 된다고 생각하는 것 같아요. 기독교인은 더 이상 '율법 아래' 있지 않고 '그리스도 안에' 있기 때문에 구약의 재정적 원리를 지킬 필요가 없다고 느끼는 것 같습니다. 반면에 우리 유대인들은 율법의 원리를 지키고 실천해야 된다고 믿습니다. 그래서 제 경험과 의견으로는 성경의 재정적 원리를 소홀히 하고 무시하는 것보다 그것을 지킬 때 훨씬 더 재정적으로 성공하게 됩니다."

나는 복음주의적인 기독교인과 은사주의적 기독교인이 성경을 공부하기 좋아하는 것을 많이 보았다. 많은 사람들은 어떤 내용이 성경 어디에 있는지를 알고, 성경 구절을 암송하고 있기도 하다. 하지만 성경본문을 공부했을지라도 그 본문에 있는 삶의 원리는 실천하지 않는 경우가 많다. 반면에 많은 유대인들은 어떤 내용이 성경 어디에 있는지는 말하지 못해도 유대인 문화와 가정에서의 가르침 때문에 자연스럽게 원리를 실천한다.

예를 들어 잠 22:7은 **'빌리는 자는 빌려 주는 자의 노예'** 라고 말한다. 매 주 집에서 성경 공부 모임을 하면서 성경에 나오는 재정 원리를 공부하는 성경을 믿는 기독교인 (돈을 빌리는 사람)이 주택 마련을 위해 유대인 은행가 (빌려 주는 사람)로부터 대출을 받는 일은 아주 흔한 일이다. 유대인 은행가는 성경 어디에 빚에 대한 본문이 있는지 모르는데 반해, 은행 대출을 받은 기독교인은 빚에 관련된 본문이 어디에 있는지 다 말할 수 있을 정도다. 그런데 누가 주인이고 누가 노예인가? 누가 돈을 벌고 있고 누가 돈을 쓰고 있는가? 돈을 빌린 기독교인은 노예가 되기로 선택한 반면, 유대인 은행가는 주인이 되기로 선택한 것이 현실이다. 그러면, 성경을 공부하지만 성경의 원리대로 살지 않는 것과 성경 공부는 하지 않지만 그 원리대로 사는 것 둘 중 무엇이 더 나은가? 나는 성경을 공부하고 그 원리대로 사는 것 두 가지를 다 하라고 제안한다. 이 책에서 우리는 지혜 있는 사람이 되도록 "영과 진리"의 균형을 잡는 노력을 하겠다.

예수님은 다음과 같이 말씀 하셨다.

요 4:23

23 아버지께 참으로 예배하는 자들은 신령과 진정으로 예배할 때가 오나니 곧 이때라 아버지께서는 이렇게 자기에게 예배하는 자들을 찾으시느니라

영(신령)과 진리(진정)로 예배한다는 것은 무슨 뜻인가? 다음을 의미한다고 나는 믿는다. 이 땅에서의 모든 삶의 영역을 지배하는 기본적인 불변의 원리 두 가지가 있다. 물리적 세계에서는 중력이 그런 원리다. 중력은 어디서나 누구에게나 영향을 미치고 이것을 어기면 결과가 생긴다. 나는 이것을 **"진리의 원리"**라고 부른다. 또한 하나님께서는 우리가 하나님과 관계하며 삶에서 초자연적인 기적을 경험할 것을 기대하며 살도록 우리를 디자인하셨다. 기적은 믿음을 통해 이루어진다. 기적이 일어날 것을 믿고 기대하는 것은 **"영의 원리"**이다.

당신이 높은 산 위에서 아주 좁고 구불구불한 길을 가는데 두 가지 선택 사항이 있다고 가정해 보자. 한 선택 사항은 속도 제한이나 차량 관리, 중력에 대해 신경 쓰지 않아서 차 사고를 많이 낸 - 하지만 큰 믿음이 있고, 하나님의 음성을 듣고, 영적 분별력이 뛰어나고, 삶에서 자주 기적을 경험하는 운전자가 운전하는 차를 타고 가는 것이다. 두 번째 선택 사항은 하나님을 모르는 -영적이지 않고, 믿음도 없고, 기적을 믿지는 않지만 조심해서 운전하고, 차량 관리를 잘하고 과속 한계를 잘 지켜서 과거에 차사고를 낸 적이 없는 운전자의 차를 타고 가는 것이다.

당신은 어느 운전자의 차를 타겠는가? 우리들 대부분이 세 번째를 선택하리라고 나는 생각 한다. 아마 당신은 말할 것이다. "영적인 믿음의 사람이지만 또한 안전한 차 운행의 "진리의" 원리를 지키고, 산악 운전의 경험도 있는 운전사 없을까요?" 그래서 재정에 있어서도 우리는 영과 진리 둘 다 균형 있게 행하는 것을 배워야만 하는 것이다.

96%의 사람들이 모르는 다섯 가지 부의 비결

이제 이 책에서 우리는 96%의 사람들이 모르는, 그러나 4%의 사람들은 자연스럽게 알고 실천하는 - 아주 단순한 다섯 가지 지혜의 "진리"의 원리를 이야기 할 것이다. 내가 이것을 "비결"이라고 부르는 이유는 이것이 '알 수 없는 것'이 아니라, 대부분의 사람들에게 '알려지지 않은 것'이기 때문이다. 이 다섯 가지 비결은 성경에 명확히 설명되어 있기에 볼 수 있는 눈을 가진 사람은 이것을 발견

할 수 있다. 아마 당신은 이 원리들을 전반적으로 이해는 했지만 완전히 실천하지는 않았을 수 있다. 아니면 누군가가 시간을 내어 당신에게 이 단순한 원리들을 설명해 준 적이 없는 경우일 수도 있다. 이 책에서 우리는 누구나 실천할 수 있는 다섯 가지 지혜의 비결을 명확히 점검해 볼 것이다. 이 다섯 가지 비결을 먼저 개관해보고 시작하자.

1. 4%의 사람들은 돈을 각각의 항목(항아리)으로 나누고 의도적으로 우선 순위를 정해서 돈을 사용한다.
2. 4%의 사람들은 부르심과 비전을 이루는 데 삶을 집중한다.
3. 4%의 사람들은 배가되는 것에만 자원을 투자한다. 그들은 또한 시간과 에너지를 배가시키는 사람에게만 투자한다.
4. 4%의 사람들은 경제가 사이클로 움직인다는 것을 알기 때문에 사이클의 다음 단계에 대해 예상하고 준비한다.
5. 4%의 사람들은 적어도 후손 두 세대를 위해 유산을 준비하고 남긴다.

다음은 4%의 사람들과 96%의 사람들의 생각과 실천을 대조적으로 보여 주는 도표다.

원리	4%	96%
1. ~로 돈 관리	다섯 항아리	한 항아리
2. ~에 집중	비전	공급
3. ~에 투자	배가하는 것과 이자를 지불하지 않는 것 (빚을 지지 않는다)	가치 절하되는 것과 많은 이자를 지불하는 것 (빚을 많이 진다)
4. ~을 예상하고 준비한다	사이클로 돌아가는 경제	직선적인 경제
5. ~에게 유산을 남긴다	두 세대	남기지 않는다

Five Wealth Secrets 96% of us Don't Know

CHAPTER 1
여러 항아리를 사용하라

4%의 사람들이 알고 있고 정기적으로 실천하는 첫 번째 비결을 살펴보자. 이것은 돈을 어떻게 저장하고 쓰는가와 관계된 것이다. 4%의 사람들과 96%의 사람들은 돈을 완전히 다르게 쓴다. 96%의 사람들은 번 돈에 집중하는 반면, 4%의 사람들은 번 돈을 어떻게 쓰는가에 집중한다. 96%의 사람들에게 재정의 문제가 무엇이냐고 물으면 그들은 보통 돈을 충분히 못 벌고, 필수적으로 지출해야 되는 것이 너무 많은 것이 문제라고 말한다. 그들은 이렇게 말할 것이다. "이 놈의 회사가 제가 일한 만큼 월급을 안 준다니까요. 월세도 너무 비싸구요. 기름값은 또 왜그리 비싼지. 정부는 세금을 왜 그렇게 많이 떼가는

> 96%의 사람들은
> 번 돈에 집중하는 반면
> 4%의 사람들은 번 돈을
> 어떻게 쓰는가에 집중한다.

지." 반면에 4%의 사람들은 이렇게 말할 것이다. "열심히 돈 벌려고 노력하고 있고, 계획대로 계속 해 나가고 있습니다."

96%의 사람들은 돈이 얼마나 들어오는지에 따라 부자와 가난한 자가 정해진다고 믿는다. 부자는 매달 많은 돈을 벌거나 많은 자원을 가진 사람이라고 그들은 믿는다. 96%의 사람들은 가난한 사람은 매달 돈을 별로 벌지 못하고, 쓸 수 있는 자원이 거의 없는 사람이라고 정의 내린다. 하지만 4%의 사람들은 부자란 자원해서 돈을 제한적으로 지출하고, 배가하는 것에 투자하기로 선택한 사람이라고 정의 내린다. 4%의 사람들은 가난한 사람을 매 달 버는 돈의 100%나 그 이상을 쓰는 사람으로 정의 내린다. 96%의 사람들이 소득의 양에 따라 부자와 가난한 자를 정의 내리는 반면, 4%의 사람들은 소득을 어떻게 사용하는지에 따라 부자와 가난한 사람을 정의 내린다. 4%의 사람들은 소득 중 일정한 할당 퍼센트만큼을 배가시킬 줄 알기 때문에 소득이 얼마인지는 중요하지 않다.

예를 들어서, 96%의 사람들은 한 달에 400만 원을 벌고 매달 400만 원 (또는 그 이상)을 지출하고도 월말까지 살기가 어려워 소득을 500만 원으로 늘리기 위해 시간외 근무를 하거나 직업을 하나 더 구하려 하기도 한다. 4%의 사람들은 매달 200만 원만 벌어도 매달의 지출을 140만 원으로 제한할 것이고, 매달 30만 원을 배가하는 데 투자할 것이다. 4%의 사람들의 매달 30만 원은 몇 년 내에 3,000만 원으로 배가할 것이고, 96%의 사람들은 매달 소득을 500

만 원으로 늘려도 지출도 550만 원이나 그 이상으로 늘기에 여전히 그 전과 같은 재정적 압박 아래에 있을 것이다.

4%의 사람들과 96%의 사람들의 돈 관리법과 사용법의 차이점은 무엇일까? 4%의 사람들은 돈을 여러 항아리에 저장하는 반면, 96%의 사람들은 보통 돈을 한 항아리에 저장한다. 4%의 사람들은 먼저 베풀고, 저축하고, 투자하고 그리고 남은 것을 쓰는 반면, 96%의 사람들은 먼저 쓰고 나서 남는 것으로 베풀고 저축하고 투자하려고 한다. 4%의 사람들은 항상 특정한 퍼센트의 쓸 돈이 남아 있지만, 96%의 사람들은 베풀고 저축하고 투자할 돈이 남아있지 않다. 이것은 4%의 사람들이 더 많은 돈으로 시작하기 때문이 아니라, 다르게 돈을 쓰기로 선택하기 때문이다. 이 책 전체에서 나는 이 다섯 가지 비결을 이삭이라는 소년과 그의 아버지가 소년에게 전해주는 지혜의 이야기로 그려내고 싶다.

이삭은 이제 막 10살이 되었고 아버지는 이삭에게 돈 관리에 대해 가르치기로 했다. 그래서 어느 날 아버지가 이삭에게 선언했다.

"이삭아, 이번 주부터 일요일마다 아빠가 네게 용돈을 만 원씩 줄게. 그 돈을 네가 쓰고 싶은 대로 써도 되지만, 네 삶에 도움이 될 아이디어를 네게 나누고 싶구나. 우리 조상의 옛 지혜서에 이렇게 나와 있단다. "**부자는 가난한 자를 주관하고 빚진 자는 채주의 종이 되느니라**" (잠22:7)

아들아, 너는 커서 부자가 되고 싶니, 가난한 사람이 되고 싶니? 주인이 되고 싶니, 종이 되고 싶니?

"음….."

이삭이 생각했다. "부자 – 가난한 사람? 주인 – 종?" "아빠, 저 부자가 되고 싶고, 주인이 되고 싶어요."

"잘 선택했다." 아빠가 말했다.

"이제 네가 처음 받게 되는 만원에 대해 질문할게. 여기 만 원이 있단다. 이 돈으로 뭘 하고 싶니?"

"와!" 이삭이 환호성을 질렀다.

"이 돈 제 맘대로 써도 된다구요?"

"그래, 그렇단다." 아버지가 대답했다.

"사탕 하나 살 거구요. 그리고 휴대폰 새 게임 두 가지 살래요." 이삭이 소리쳤다.

"그러면 돈이 얼마 들까?" 아버지가 물었다.

이삭이 암산을 하더니, "정확히 만 원이요."라고 말했다.

"아들아, 넌 이제 가난한 사람이 될 자격을 갖춘 거란다." 아버지가 말했다.

"가진 돈 100%를 다 쓰는 사람이 가난한 사람이야. 96%의 사람들은 받는 돈 100%를 다 쓰고, 4%의 사람들은 가진 돈의 100%보다 적게 쓴단다. 아들아, 차 타고 드라이브 가도록 하자."

아버지가 이삭을 슬럼가로 데려갔다. 그 곳에는 마당 여기저기에 잡초가 무성하고 쓰레기는 쌓여있고 유리창은 깨어져 대신 종이를 갖다 붙인 집들이 있었다. 대부분의 집들은 페인트도 심하게 벗겨져 관리가 필요해 보였다. 그들은 거기서 더 이상 굴러가지 않을 것 같은 폐차직전의 차들이 주차되어 있는 집들이 줄지어 있는 골목을 왔다 갔다 했다.

현관 문이 거의 떨어져 나간 갈색 나무 집을 가리키며 아버지가 물었다. "아들아, 너 크면 저런 집에서 살고 싶니?"

"아니요. 아빠." 이삭이 얼굴을 찡그리며 말했다.

"이삭아, 누가 저 집에서 사는지 아니?"

"아니요. 누가 살아요, 아빠?" 이삭이 물었다.

"가진 돈을 한 항아리에 넣고, 버는 돈 100%를 다 쓰고, 빚을 지고, 자신의 삶을 지배하는 다른 사람의 노예가 된 사람이 이 집에서 산단다."

"저 집은 어때?" 길 건너편의 폐허가 된 집을 가리키며 아빠가 물었다. "저기서 살고 싶니?"

"아니요. 아빠. 저 이 동네 어느 집에서도 살고 싶지 않아요." 이삭이 말했다.

"이삭아, 누가 저 집에서 사는지 아니?"

"버는 돈 100%를 다 쓰는 사람이요?" 이삭이 대답했다.

"맞다." 아버지가 말했다. "너 잘 배우고 있구나."

아버지는 이번에는 이삭의 삼촌 두 명이 사는 동네로 차를 몰고 가서 보기 좋게 손질된 잔디밭이 있고, 차 5대가 주차되어 있고 뒷마당에 수영장이 있는 큰 집 앞에서 차를 세웠다.

"이삭아, 너 저 집에서 살고 싶니?"

"와! 네, 아빠. 저 저 집에서 살고 싶어요."

"아들아, 누가 저 집에서 사는지 아니?" 아버지가 물었다.

"아니요." 이삭이 대답했다.

"가진 돈의 100%보다 훨씬 적게 제한해서 돈을 쓰고, 돈을 여러 항아리에 넣는 사람이 저 집에서 산단다." 아빠가 대답했다.

"사실 이 집 주인은 아빠 친구란다. 그 분 성함은 트란씨이고 여기서 계속 살았던 분은 아니야. 그 분은 가족과 함께 약 15년 전에 베트남에서 미국으로 이민을 왔어. 그는 더 나은 삶을 살고 싶었고, 여기 미국에서 사업을 시작하고자 하는 꿈이 있었단다."

"트란씨는 베트남을 떠나기 전에 미국에서 새로운 사업을 시작하기 위해 소프트웨어 프로그램을 열심히 개발했어. 그리고 리서치를 하면서 새 사업을 시작하는데 약 5천만 원이 필요하다는 것을 알게 되었단다. 방 하나짜리 아파트에 아내와 세 자녀가 정착하고 나서 트란씨는 사업을 시작하는데 필요한 돈을 대출받으려고 몇몇 은행을 찾아갔지만 그는 영어를 거의 못 했고, 과거의 신용 기록이 없는 새 이민자였기 때문에 그에게 돈을 빌려주려는 은행이 하나도 없었단다."

"그래서 트란씨는 아주 낙심했었어." 아빠가 계속 말했다. "그런데 그는 4년에 걸쳐서 사업 시작에 필요한 5천만 원을 모을 방법을 계획했단다. 트란씨는 노점상을 해서 과일과 야채를 팔면 한 달에

순수익이 250만 원 정도 되리라는 것을 알게 되었어. 트란씨는 돈을 여러 항아리에 넣는 것의 중요성을 알았기 때문에 그 가족은 쓰는 돈을 제한하고 매달 100만 원 정도씩, 1년에 1,250만 원 정도씩을 저축 항아리에 넣었단다. 그들은 방 하나짜리 아파트에서 차도 없이 살고, 외식은 한 번도 하지 않고 불필요한 지출을 하지 않았기에 그렇게 저축을 할 수 있었지."

"계속해서 여러 항아리에 돈을 넣음으로 트란씨는 4년 만에 5천만 원을 모으게 됐어. 그 때쯤 되어서는 영어도 잘 하게 되었고 사업을 시작할 준비가 되었단다." 아빠가 계속했다. "그리고 트란씨는 휴대폰 기기에 들어가는 최신 소프트웨어를 개발했고 그것이 지금은 큰 사업이 되었어. 사업이 빠른 속도로 성장해서 처음 5천만 원을 투자해서 시작한 사업이 3년 만에 연매출 20~30억 원의 사업이 되었단다. 아마 지금은 더 성장했을 거야."

아빠가 물었다. "아들아, 15년 전에 노점상에서 과일을 팔고 차도 없이 다섯 가족이 방 칸짜리 아파트에서 사는 트란씨를 보았다면, 너는 그 사람을 부자라고 생각했겠니, 가난한 사람이라고 생각했겠니?"

"아빠, 아마 저는 그 사람을 가난한 사람이라고 생각했을 거예요." 이삭이 대답했다.

"그래, 정말 그렇게 보였단다. 그런데 자, 이삭아." 아빠가 계속했다. "사람이 부자인지 가난한지는 지금 당장 그 사람이 무엇을, 얼마를 가졌는지에 달린 것이 아니라 그 사람이 어떻게 생각하고 행동하는지에 달린 거란다. 트란씨는 자신의 비전을 이루기 위해 돈을 제한해서 쓰고 돈을 여러 항아리에 넣는 4%의 사람이었던 거야. 그가 미국에서 첫 4년 동안 가졌던 비전은 아직 발아하지 않은, 땅 속에 있는 씨앗과 같은 것이었어. 그 씨에서 싹이 나고 큰 나무로 빨리 성장한 거지. 지금 트란씨 가족이 살고 있는 이 집을 보면 그의 비전의 열매를 볼 수 있고, 그가 처음 미국에 왔을 때 어떻게 여러 항아리에 돈을 나누어 관리 했는지를 알 수 있단다."

"트란씨가 미국에 도착했을 때는 얼마의 돈을 가질 수 있을지, 벌 수 있을지 별로 선택할 수가 없었어. 최대로 벌 수 있는 것이 한 달에 250만 원이었어. 그렇지만 번 돈을 어떻게 쓸 지는 선택할 수 있었단다. 트란씨는 그와 비슷하게 매 달 250만 원을 벌어서 5인 가족을 부양하는 보통 사람들과는 아주 다르게 돈을 쓰기로 선택했단다. 96%의 사람들은 아마 버는 돈 전부를 다 쓸 거고, 다섯 가족이 살 만큼 수입이 충분하지 않다고 불평할 거야. 그런데 트란씨는 다른 선택을 했단다."

"이삭아, 어떻게 하면 부자가 되고 어떻게 하면 가난한 사람이 되는지 이제 알겠니?" 아버지가 물었다.

"네, 아빠." 이삭이 대답했다. "지금 돈이 얼마 있는지가 아니라 가진 돈을 어떻게 쓰는지에 달린 거 맞아요, 아빠?"

"그래, 바로 그렇단다." 아빠가 말했다. "이제 집에 가서 네가 매주 받게 될 만 원을 어떻게 쓸지 더 이야기 하자."

집에 도착해서 그들은 다시 식탁에 앉았고 이삭이 물었다. "아빠, 저 이번 주에 만 원 다 쓴다면 지혜롭지 못한 거라는 거 알겠어요. 그럼 돈을 어떻게 나눠서 관리해야 돼요?"

"잠깐만 기다려라. 아빠가 보여줄게." 아빠가 일어나서 부엌에서 나가면서 말했다. 잠시 후에 아빠가 다섯 개의 빈 땅콩 잼 병(항아리)을 들고 돌아왔다. 각 항아리마다 라벨이 테이프로 붙어있었다. 아빠가 천 원짜리 지폐 열 장을 이삭에게 건네 주고 설명하기 시작했다. "아들아, 아빠가 말했던 대로 96%의 사람들은 가진 돈 전체를 한 항아리에 다 넣고, 항아리에 있는 돈을 다 써버린단다. 그러면 그 사람은 가난한 사람이 될 자격이 되는 거야. 4%의 사람들만 돈을 여러 항아리에 넣고 돈을 이 항아리에서 저 항아리로 옮기지 않는단다. 가난한 사람이나 노예가 되지 않고 부자와 주인이 되는 첫번째 비결을 알았으니 너는 가진 돈 100%를 다 쓰지 않도록 해라. 네가 받는 돈을 여러 항아리에 나눠 넣고 이 항아리에서 저 항아리로 돈을 옮기지 않으면 된단다."

"그러면 다섯 항아리를 보자. **첫 번째 항아리에는 '주님의 십일조'**라고 라벨이 붙어있지. 우리가 받는 모든 것의 10%는 하나님의 것이라고 오래 전에 하나님께서 우리 조상에게 말씀하셨단다. (레 27:30). 소득의 10%는 하나님께 속했다는 의미의 단어가 '십일조'란다. 그러니까 10%, 십일조는 네게 속하지 않은 돈을 네가 어떻게 다룰지 아는지를 보는 자격 시험이란다."

"이것은 네 돈을 하나님께 드리는 것이 아니라 하나님의 돈이란다. 무엇이 하나님 것이고 네 것이 아닌지를 네가 아는지 보기 위해 자격 시험으로서 하나님께서 네가 그 돈을 관리하게 하시는 거지. 네가 하나님의 돈을 하나님의 목적을 위해 쓰이도록 교회에 신실하게 내면, 네 부르심과 비전을 이루는데 필요한 훨씬 더 많은 돈을 하나님께서 풀어 주실 거야. 하나님은 아주 명철 하시단다. 누가 훨씬 더 많은 하나님의 돈을 관리할 자격이 되는지 보기 위해서 하나님은 모든 사람에게 하나님의 돈의 작은 양을 주시는데 이것을 '주님의 십일조'라고 부른단다."

"그래서 만원의 10%인 천 원을 매 주 '주님의 십일조' 항아리에 넣을 것을 제안한다. 이 항아리에 있는 모든 돈은 매주 교회에 가져가는 거야. 가난한 사람들 대부분이 하는 실수는 '주님의 십일조'를 생활비와 섞는다는 거야. 만 원 전부를 한 항아리에 넣기 때문에 사람들은 혼동해서 '주님의 십일조'까지 포함한 모든 돈을 다 쓴단다. 그래도 하나님은 변함 없이 그들을 사랑 하시지만 그들은 하나님께 속한 돈을 관리하는 것을 배우지 못했기 때문에 훨씬 더 많은 자신의 돈을 갖게 될 자격을 잃는 거야. (눅 16:12). 그러니까 천 원을 '주님의 십일조' 항아리에 넣자."

"네, 아빠" 이삭이 빳빳한 천 원짜리 지폐를 첫 항아리에 넣으며 말했다.

아빠가 다시 말했다. "이 **두 번째 항아리는 '헌금'**이라고 라벨이

다섯 항아리 (Five Jars)

붙어있지. 이 항아리의 돈은 긍휼이 필요한 사람, 비극적인 일이나 자연 재해를 당한 사람들을 돕기 위한 거란다. 하나님이 사람들을 사랑 하시기에 우리는 도움 받을 필요가 있는 사람들을 도울 돈을 준비하는 거란다. 그러니까 또 천 원을 이 '헌금' 항아리에 넣자."

이삭은 또 천 원을 두 번째 항아리에 넣었다.

이삭의 아버지가 계속 말했다. "이 **세 번째 항아리는 '저축'** 이라고 라벨이 붙었어. 네가 나중에 뭔가 더 큰 것을 구입하고 싶을 때를 위해 저축하도록 또 천원을 여기에 넣자. 이 항아리에 있는 돈은 미래에 예상치 않은 지출이 있을 때 거기에 써도 된단다."

이삭이 또 천 원을 세번 째 항아리에 넣었다.

"이 **네번째 항아리는 '투자'** 라고 라벨이 붙어 있어. 이 병에 2,000원을 넣자." 아빠가 말했다. 이삭이 아버지의 지침을 따라 2,000원을 네번 째 항아리에 넣었다. "그리고 이 **다섯 번째 항아리는 '쓰는 돈'** 이라고 라벨이 붙어 있지." 이 병에 있는 돈은 네가 필요한 것과 원하는 것을 사는데 쓸 수 있단다. 이삭아, 쓰는 돈으로 얼마가 남았지?"

"오천 원이요, 아빠. 오천 원 다 이 '쓰는 돈' 항아리에 넣을까요?"

"그래, 이삭아. 남은 오천 원을 이 '쓰는 돈' 항아리에 넣자." 아빠가 대답했다.

이삭이 좀 혼란스러운 듯 말했다. "아빠, '주님의 십일조' 항아리, '헌금' 항아리, '저축' 항아리의 돈은 어떻게 쓸지 알겠어요. '쓰는 돈' 항아리도 확실히 알겠어요. 그런데 '투자'는 뭐예요?"

"아, 아들아" 아빠가 대답했다. "투자는 제품을 생산하거나 가치 있는 서비스를 제공해 주어서 가치가 증가되는 것에 네 돈을 넣는 거란다. 그러면 네가 제품을 생산하거나 서비스를 제공할 때 들었던 것보다 더 많은 돈을 네 제품을 사거나 네 서비스를 받는 사람이 지불하는 거지. 이 증가된 액수를 이윤이라고 부르고 그러면 네 '투자' 항아리의 돈이 점점 더 늘어난단다. 아빠가 질문 하나 할께. 네 학교에 아버지한테 용돈 받는 다른 아이들도 있니?"

"네, 아빠. 용돈 받는 아이들 많은 것 같아요."

"아마 대부분의 아버지들은 아들에게 내가 지금 네게 가르치는 고대의 지혜를 가르치지 않을 거야. 그러니까 대부분의 아이들이 매주 받는 돈 100%를 다 쓸 거고, 그리고 나서 목요일이나 금요일쯤 되면 누가 주말 동안에 돈 좀 빌려 줄 수 있냐고 물을 거야. 그 아이들은 용돈을 다시 받아서 월요일에 갚겠다고 약속할 것이고, 빌려 준 돈 보다 더 많이 갚겠다고 제안할 거란다. 그 아이들에게 돈을 빌려 주면 너는 그 아이들에게 가치 있는 서비스를 제공하는 것이고, 그

것에 대해 아이들은 이윤을 지불하는 거지.

누가 돈을 빌리고 싶은지 묻지 말고 그리고 갚을 때 얼마를 더 줄 건지도 아이들에게 말하지 말아라. 주말 동안 돈을 쓰도록 빌려 준 것에 대해 얼마를 갚을지 그 아이들이 스스로 제안하게 하렴. 그러면 아이들 스스로가 이자율을 정할 거야. 이것이 네가 사람들에게 서비스를 제공하고 그들이 네게 이윤을 지불하는 첫 배움의 기회가 될 거야. 이것을 투자라고 부른단다."

"네, 알겠어요." 이삭이 말했다. "이번 주에 학교에서 어떻게 되는지 볼게요."

다음 금요일에 정말 빌리가 누구 빌려 줄 돈 있냐고 물었다. 주말에 정말 보고 싶은 영화가 있어서 이천 원이 필요하고, 다음주에 용돈을 받으면 월요일에 사천 원을 갚겠다고 했다.

이삭이 그날 학교갈 때 '투자' 항아리에서 가지고 간 이 천원을 꺼내 빌리에게 빌려 주었다. 이삭은 집에 와서 왜 빌리가 3일간만 돈을 쓰고 사천 원을, 그러니까 100% 이자로 갚으려 하는지 아버지께 물었다. 인식하지 못 하면서 다른 사람의 노예가 되기를 선택한 대부분의 사람들은 그렇게 생각하고 행동한다고 아빠가 설명해 주었다.

아빠가 말했다. "96%의 사람들은 비논리적으로 그렇게 생각한단다." 이삭은 이해가 안 돼서 좀 답답하긴 했지만 자신의 돈이 배가 될 수 있는 가능성 때문에 신이 나기도 했다. 월요일에 빌리는 정말 사천 원을 갚았고 주말 동안 돈 빌려준 것에 대해 이삭에게 고마워했다. 그 주간이 끝날 때쯤 또 어떤 일이 일어날 지를 이삭은 기다렸다. 목요일쯤 되자 빌리가 두 친구 바비와 지미에게 말했고, 두 아이가 이삭에게 주말 동안에 빌려 줄 돈이 있냐고 물었다. 당연히 이삭은 '투자' 항아리에 그 전의 사 천원과 아빠에게서 받은 용돈 중 이천원이 있었다. 이삭은 육천 원을 학교에 가져갔고 세 명의 아이들에게 이 천원씩을 빌려 주었다. 빌리는 이번 주에도 돈을 다 썼고 주말 동안 정말 돈이 필요한 것에 대해 잊고 있었다. 이삭에게 돈을 빌린 모든 아이들은 다음주 월요일에 두 배로 갚겠다고 했다.

다음 월요일에 이삭은 세 아이들로부터 만 이천 원을, 그리고 아버지로부터 이천 원을 받아서 만 사천원을 투자 항아리에 넣었다. 돈 빌릴 필요가 있으면 이삭이 도와줄 수 있다는 소문이 학교에 나기 시작했다. 셋째 주에는 이삭은 만 사천 원이 있었고 월요일에 이만 팔천 원을 돌려 받았고 용돈으로부터의 이천 원도 있었다. 학교에서 아이들에게 투자하는 것을 계속해서 이삭의 돈은 다음과 같이 빨리 늘어갔다.

첫째 주 : 2,000 × 2 = 4,000 + 2,000 = **6,000원**

둘째 주 : 6,000 × 2 = 12,000 + 2,000 = **14,000원**

셋째 주 : 14,000 × 2 = 28,000 + 2,000 = **30,000원**

넷째 주 : 30,000 × 2 = 60,000 + 2,000 = **62,000원**

다섯째 주: 124,000 + 2,000 = **126,000원**

여섯째 주: 252,000 + 2,000 = **254,000원**

일곱째 주: 508,000 + 2,000 = **510,000원**

여덟째 주: 1,020,000 + 2,000 = **1,022,000원**

이삭은 단 몇 달 만에 '투자' 항아리의 돈이 백만 원이 넘게 늘어난 것을 보고 완전히 놀랐다. 이삭이 아빠에게 물었다. "아빠, 왜 다른 아이들은 제가 하는 것처럼 하지 않는지 이해가 안 돼요. 저한테 매주 돈을 빌리는 모든 애들도 매 주 아버지한테서 용돈을 받아요. 어떤 애들은 제가 받는 만 원 보다 훨씬 더 많이 매주 만 오천 원이나 이만 원씩 받아요. 왜 그 아이들은 매주 돈을 다 쓰고 제게 빌려달라고 하는 걸까요?"

"이삭아, 좋은 질문이다." 아빠가 말했다. "돈을 어떻게 쓸지 각 사람이 스스로 선택한다는 것 알겠지? 대부분의 사람은 얼마 받을지는 선택할 수 없단다. 모든 아이들도 부모님에게서 용돈을 얼마 받을 지는 선택할 수 없어. 용돈을 얼마 줄 지는 부모님이 선택하지. 모든 아이는 받은 돈을 어떻게 쓸지만 선택할 수 있어. 네 학교에 있는 아이들에게 어떻게 하면 더 많은 돈을 가질 수 있냐고 물으면 모든 아이들은 부모님이 더 많은 용돈을 주어야지만 더 많은 돈을 가질 수 있을 거라고 말할 거야."

아빠가 계속했다. "학교의 모든 아이들도 네가 하는 것처럼 돈을 배가시킬 기회가 있단다. 그런데 그 아이들이 그렇게 하지 않는 첫 번째 이유는 여러 항아리를 사용하지 않고 모든 돈을 한 항아리에 넣기 때문이란다. 인간은 '쓰는 돈' 항아리에 있는 모든 돈 100%를 다 쓰는 본성이 있어. 돈을 담는 항아리가 하나만 있으면, 그 항아리에 있는 모든 돈을 다 쓸 거야. 두 번째로는 대부분의 아이들은 부를 늘리는 방법이 부모님으로부터 더 많은 돈을 받는 것이라고 생각한다는 것이다. 4%의 사람들만이 부자가 되는 비결이 부모님으로부터 더 많은 돈을 받는데 있지 않고, 가진 돈을 어떻게 쓰느냐에 있다는 것을 이해 한단다. 그래서 첫 번째 비결은 각각 다른 목적으로 디자인된 여러 항아리에 각 퍼센트의 돈을 할당해 넣고, 이 항아리에서 저 항아리로 돈을 옮기지 않음으로 쓰는 돈을 제한하는 거란다."

> 인간은
> '쓰는 돈' 항아리에 있는
> 모든 돈을
> 100% 다 쓰는 본성이 있다.

여름 방학이 되자 이삭은 지난 여름에 했던 대로 동네 집들의 잔디를 깎아서 돈을 좀 벌었다. 이삭이 부지런하고 꼼꼼하게 일했기 때문에 많은 동네 사람들이 이삭에게 일을 요청했고 이삭이 일할 수 있는 시간보다 일의 요청이 더 많이 들어왔다. 이삭에게 한 아이디어가 떠올랐다. '벌어둔 돈을 좀 써서 잔디 깎는 기계를 하나 더 사야겠다. 그리고 빌리가 일을 열심히 하니까 그 친구를 고용해서 내가 시간이 없을 때는 빌리에게 잔디를 깎도록 해야지.

이삭이 빌리에게 물어보니 빌리도 돈을 벌 수 있다는 사실에 흥분했다. 이삭은 아버지께 이 아이디어에 대해 어떻게 생각하시는지 여쭤보기로 했다. 아빠도 기뻐하면서 이삭에게 '투자' 항아리에 있는 돈을 사용해서 잔디 깎는 기계를 사라고 하셨다. 이것이 이삭이 투자에 대해 배우는 두 번째 기회가 될 것이었다. 이삭은 동네에서 평균 정도 크기의 잔디밭을 깎는 데 이만 원을 받았다. 이삭이 빌리에게 말했다. "네가 잔디를 깎을 때마다 내가 만 이천 원씩 줄게."

"그래? 그런데 너는 사람들에게 이 만원씩 받고, 나한테는 만 이천 원씩만 주는 거야? 왜 그래?" 빌리가 묻자 이삭이 말했다. "단순해. 잔디 깎는 기계 사고 유지하는 데는 가스하고 연료비 같은 돈도 들고, 고객을 찾고 계약 맺는데 드는 시간에 대한 비용도 있잖아. 그리고 나도 조금은 이윤이 있어야지." 이삭이 또 제안했다. "그 대신 네가 새 고객을 찾아오면 네가 그 사람 집 잔디 깎을 때마다 이천 원씩 더 줄게."

빌리가 말했다. "그래, 알겠어. 공정하네."

이삭은 두 번째 잔디 깎는 기계를 샀고 이삭과 빌리는 잔디를 깎았다. 빌리도 두 고객을 더 찾아서 잔디 깎을 때마다 돈을 조금 더 벌었다.

6주가 지났고 소문이 나면서 빌리와 이삭이 다 할 수 없을 만큼의 일이 들어 왔다. 이삭은 매일 하루 종일 잔디를 깎고 싶지는 않았다. 이삭은 바비와 제이콥에게 연락해서 빌리가 고용될 때와 같은 조건으로 잔디 깎는 일을 하고 싶은지 물었다. 둘 다 관심 있어 했다. 그래서 이삭은 잔디 깎는 기계 두 대를 더 샀고, '투자' 항아리의 돈을 약간 사용해서 지역 신문에 광고를 냈다.

이삭의 잔디 깎기 사업은 여름 내내 성장했다. 이삭은 빌리가 돈을 모아 잔디 깎는 기계를 사서 똑같은 사업을 시작하게 되면, 자신과 경쟁하게 되지 않을까 걱정이 되었다. 하지만 빌리는 매주 번 돈을 다 써 버리고 어떤 때는 주말 동안 이삭에게 돈을 빌리기도 했기에 이것은 기우가 되었다.

다음 해 여름에는 방학하기 몇 주 전에 지역 신문에 잔디 깎기 사업체 광고를 더 크게 냈다. 사람들의 반응을 보니 이삭에게 일할 사람이 분명히 더 필요할 것 같았다. 이삭은 제이콥이 돈을 모았기 때문에 잔디 깎는 기계를 살 수도 있게 되어서 좀 신경이 쓰였다. 이삭은 이 문제에 대해 아버지께 지혜를 좀 달라고 여쭤봐야겠다고 생각했다.

아버지의 서재에 들어가서 이삭이 말했다. "아빠, 제 잔디 깎기 사업에 대해 한 가지 여쭤봐도 될까요?"

아빠가 대답했다. "그럼, 물론이지."

이삭이 말을 시작했다. "제이콥이 잔디 깎는 기계를 사서 저랑 똑같은 사업을 시작하게되면 저랑 경쟁하게될까봐 좀 염려가 돼요. 그리고, 이번 여름에 다 해 낼 수 없을 만큼 이미 일 주문이 너무 많아요. 저 어떻게 해야 될까요?"

"음….." 아빠가 아이스 티를 한 모금 마시며 잠시 생각했다. "아들아, 제이콥을 계속 데리고 있으려면 제이콥이 다른 아이들을 고용해서 벌게 되는 이윤만큼을 네가 제이콥에게 줘야 한단다. 그렇지 않으면 그 아이가 자신의 사업을 시작해서 너의 경쟁자가 될 거야."

"이번 여름에는 평균 크기 잔디밭 깎는 가격을 천원 더 올려서 21,000원으로 하라고 제안하고 싶구나. 그리고 제이콥에게 잔디 깎는 기계를 사서 네가 일을 줄 때마다 만 팔 천원 씩 돈 버는 것 어떻겠냐고 제안 해 봐라. 만약에 제이콥이 잔디 깎는 기계를 더 사서 아이들을 더 고용하는 방식으로 일을 하면, 네가 2년 간 해 온 사업체의 브랜드 가치와 네가 하는 광고 효과의 유익을 취할 수 있다고 제이콥에게 제안해라. 그 아이는 광고하지 않아도 되고 맨 땅에서부터 사업을 시작하지 않아도 되고, 그 아이의 팀이 잔디 깎을 때마다 네게 조금씩만 돈을 지불하라고 하면 되는 거야. 잔디 깎을 때마다 네가 하는 것처럼 그 아이도 고용된 아이에게 만 이 천원씩 지불하고, 네게 삼천 원을 지불하면 육 천원의 이윤이 그 아이에게도 남는 거야."

"탁월한 생각이예요, 아빠" 이삭이 소리쳤다. "그렇게 하면 제이콥이 자기 사업을 시작해서 제 고객을 가져가지 않고, 저랑 계속 같이 일하고 싶어 할 거예요."

다음날 이삭은 아빠가 제안 해 준 대로 제이콥에게 이야기 했다. 제이콥은 제안 사항에 대해 몇 분간 듣더니 계산기를 두드려 보고는 이삭에게 말했다. "좋아, 이삭. 계약 맺자."

그 해 여름에 이삭이 잔디 깎기 사업체 광고를 더 내고, 더 많은 시간 동안 자전거를 타고 동네를 다니며 전단지를 돌리자 사업은 폭발적으로 더 성장했고 아빠는 이삭을 계속 도와 주었다. 그 여름이 끝날 쯤에는 이삭은 친구 두 명을 더 고용했다. 새 고객을 찾고 잔디 깎는 기계를 관리하고, 고용된 친구들의 일 스케줄 관리하는 데 시간이 다 쓰였기 때문에 이삭이 직접 잔디를 깎을 시간은 거의 없었다. 그러면서 이삭이 사는 곳 가까이의 다른 동네에서도 고객 수를 늘려 갔다. 매 해 여름마다 이삭의 잔디 깎기 사업은 계속 성장했다. 그 다음 여름에는 일년 전에 이삭 밑에서 일 했던 시몬이 제이콥이 일 년 전에 했던 것처럼 잔디 깎는 기계를 사서 다른 동네에서 사업을 시작하고 싶어했다. 이삭은 제이콥에게 했던 것과 같은 조건을 시몬에게 제안했고 새 동네에서 시몬의 사업도 빠르게 성장하기 시작했다.

그러면서 이삭은 중, 고교 시절에도 계속해서 학교 친구들에게 돈을 빌려 주었다. 그래서 매주 돈을 두 배로 늘린 것은 아니었지만 '투자' 항아리의 돈을 계속 늘려 나갔다. 중 2 때가 되자 다른 학교 학생들도 돈을 빌리려고 이삭에게 연락을 하기 시작했다. 그렇게 되기 전에도 이삭은 항아리에 넣어 집에서 보관할 수 없을 만큼 돈이 너무 많아졌다. 그러자 아버지는 이삭을 은행에 데려가 은행 계좌 다섯 개를 열어서 그 전에 집에서 항아리를 사용했던 것과 똑같이 은행 계좌를 사용할 것을 제안했다.

고 2 때는 이삭이 돈 빌려준다는 소문이 멀리까지 퍼졌다. 빌리의 부모님이 대형 화면 TV를 사려고 한다면서 돈을 빌려줄 수 있겠냐고 이삭에게 묻는 일도 생겼고, 이삭은 빌리의 부모님에게 백화점보다 나은 이자율로 돈을 빌려 주기로 했다. 이 소문이 퍼지면서 가전제품 구입 재정 마련을 위해 바비의 부모님, 지미의 결혼한 형 등 여러 사람들이 이삭에게 연락을 했다. 이삭은 이렇게 어른들이 물건 구입을 위해 자신에게 돈을 빌리는 것에 대해 어떻게 해야할 지 아버지께 조언을 구했다. 이삭은 이것이 정말 하나의 사업체가 되어가고 있다는 것을 알았고, 그러기 위해서는 법적인 구조, 적절한 회계 관리와 경영 관리가 필요했다.

이삭의 아버지가 이삭에게 변호사를 만나서 학교 친구 부모님에게 돈을 빌려 주는 법적 계약서를 만들고 유한 회사(L.L.C ; Limited Liability Company))를 설립해서 사업을 경영하도록 도움을 받을 것을 제안했다. 또한 친구 부모들과의 재정 거래 기간을 정하고 세납에 대한 조언을 받도록 아빠는 이삭을 회계사에게 데려갔다. 회계사는 이삭에게 작은 집 두 채 정도를 구입해서 월세를 주어 집 살 때 대출받은 돈의 이자 낼 돈을 벌 것을 제안했다. 그러면 이삭에게 매 달 수입이 더 생기게 되고, 또한 그 도시의 부동산 시장이 매년 상승하고 있었기 때문에 주택 가격도 더 오를 것이었다. 이삭은 회계사의 조언을 따라서 모은 돈을 사용하고, 아버지가 보증을 해주어 은행 대출을 받아 집을 구입했다.

이제 매 달 이삭의 현금 흐름이 아주 커졌기 때문에 아버지는 이삭에게 항아리에 대해 더 이야기 나눌 시간을 갖자고 제안했다.

아빠가 대화를 시작했다. "이삭아, 매달 돈을 다섯 항아리에 나눠 넣는 것을 아주 잘해 왔구나. 내가 보니까 너의 쓰는 돈 계좌(항아리)의 액수만도 대부분의 성인 한 달 소득보다 많구나. 돈은 목적을 성취하기 위해 사용되는 수단일 뿐이란다. 자기 자신을 위해 돈을 쓰는 것도 가치 있지만 그것은 큰 목적을 이루는 것은 아니란다. 네가 고등학교를 졸업하면 성인으로서의 삶에서 네 부르심과 목적을 이루기 위해서 돈이 필요하게 될 거야. 고등학교 졸업하고 나서 넌 무엇에 돈을 쓰고 싶니?"

"글쎄요." 이삭이 곰곰히 생각했다. "저는 결혼하고 가정을 이루고 싶어요. 또 저의 주요한 부르심은 사업가가 되는 것에 있는 것 같아요. 그러니까 제 사업을 시작하는데 돈이 필요할 것 같아요."

"아들아, 훌륭한 생각이다." 아빠가 말했다. "지금 네 삶의 상황이 바뀌고 있으니 항아리에 분배하는 퍼센트를 바꿀 것을 제안하고 싶다. 이제는 '쓰는 돈' 항아리의 퍼센트를 50%에서 25%로 줄이고, '헌금' 항아리를 15%로, '저축' 항아리를 20%로 '투자' 항아리를 30%로 늘리기를 제안 한다."

이삭은 아버지가 제안한 대로 남은 고등학교 기간 동안 쓰는 돈을 제한하고 다른 항아리의 퍼센트를 늘리기로 동의 했다. 이삭은 고등학교를 졸업할 때 쯤에는 회계사와 아버지가 제안해 주는대로 '투자' 항아리의 돈을 사용해서 두 채의 집 외에도 작은 아파트 두 채와

셀프 서비스 세차장을 더 구입했다. 그 때 경제가 굉장한 인플레이션 사이클에 있었기 때문에 이삭은 이것들을 현금으로 구입하지 않고 은행 대출을 이용했다.

고등 학교 3학년 졸업하기 얼마 전인 5월의 어느 날 저녁 식사 시간에 아빠가 이삭에게 잔디 깎기 사업에 대해 좀 이야기를 하자고 말했다. "네, 아빠" 아빠가 거실의 좋아하는 의자에 앉자 이삭이 말했다. "아빠 특별히 생각하시는 거 있으세요?"

"음, 이삭아" 아빠가 말을 시작했다. "이 사업에 대해 네가 어떤 계획을 가지고 있는지가 궁금해서. 제이콥이나 시몬 같은 아이들이 프랜차이즈를 운영하고 있고, 20명이 잔디 깎는 일을 하고 있으니 네 사업은 아주 성장한 거야."

이삭이 대답했다. "아빠, 저 별로 생각해보지 않았어요."

"매년 여름마다 그 사업 관리하는 일을 계속 하고 싶니? 내가 보기에는 작년 여름에는 사업 성장 속도가 느려지고 유지 정도만 된 것 같아. 하지만 네 사업은 아주 안정적인 현금 흐름이 보장되니까 잔디 깎기 사업에 투자하고 싶은 사람에게는 아주 좋은 투자가 될 거야. 넌 이제 고등학교를 졸업할 것이고, 그리고 이것이 너의 대부분의 시간과 에너지를 장기로 투자하고 싶은 분야는 아니라고 생각되니까 지금이 이 사업체를 팔 좋은 때라고 생각한다."

"와!" 이삭이 소리쳤다. "그런 생각은 안 해 봤어요. 아빠, 이 사업체를 팔면 얼마를 받을 수 있을까요?"

아빠가 대답했다. "확실하게는 모르겠지만 현금이 좀 있는 사람이 처음에 현금을 좀 내고 사서 이후 몇 년 동안 사업에서 들어오는 현금 흐름으로 나머지를 네게 갚게 하면 된단다. 대부분의 사람들은 사업체를 현금으로 다 지불하며 살 수 있지는 않거든."

"그거 너무 좋은 아이디어예요." 이삭이 흥분해서 말했다. "저 이 사업체를 팔께요."

"회계사에게 가서 이야기를 해 보자." 아빠가 제안했다. "회계사가 네 사업체의 미래의 현금 흐름과 현재의 자기 자본을 감안해서 현재의 사업체 가치를 결정하도록 도와줄 수 있단다. 그러면 우리가 얼마를 요구할지 알게 될 거야."

이삭과 아버지는 회계사를 만나 가격을 결정하고 잔디 깎기 사업체를 팔려고 내 놓았다. 7월 중순에 이삭은 아빠의 조언을 받아 플로리다에서 이 동네로 얼마 전에 이사 온 사람과 매매 협상을 해서 사업체를 팔았다. 그 사람은 자신이 좋아하고 경험도 있는 분야인 잔디 깎기 사업을 새로 시작하려고 생각하고 있던 사람이었고 이삭의 사업체 매매 광고를 보았을 때 새로이 사업을 시작하는 모든 어려움을 겪기 보다는 이미 자리잡은 사업체를 사고 싶어했다. 더 좋은 것은 그가 플로리다에서의 이전 사업체를 팔았기 때문에 이삭의 사업체를 현금으로 살 수 있었다는 것이었다. 현금으로 사기 때문에 약간 낮은 가격으로 흥정해서 이삭이 졸업한 지 약 두 달 후인 8월 초에 그 사람이 이삭의 잔디 깎기 사업체를 소유하게 되었다.

항아리에 분배하는 정해진 퍼센트대로 이삭은 즉시 그 큰 액수의 돈을 각 은행 계좌 안에 넣었다. 쓰는 돈 항아리와 저축 항아리에 새 차를 구입할 충분한 돈이 있었지만 이삭은 쓰는 돈을 제한하고 저축 항아리의 돈을 사용해서 1년 된 혼다 시빅 중고 차를 현금으로 사기로 선택했다. 스물 한 살에 이삭은 사랑하는 레이첼과 결혼했고 잔디 깎기 사업체를 팔아 저축 항아리에 저축해 둔 현금으로 집을 샀다.

그러는 동안에 빌리, 바비, 지미도 이삭과 같은 고등학교를 졸업했다. 고 2 어느 날 빌리는 신용카드 만들 것을 제안하는 우편물을 받았다. 첫 해에는 연회비도 면제되었다. 마스터 카드를 만들기 위해서는 아버지가 신분 보증을 해 줄 필요가 있었고 아버지가 흔쾌히 그것을 해 주었다. 빌리는 고등학교 졸업할 때 쯤에는 카드 연체료가 이미 250만 원 정도가 되었다. 빌리가 바비와 지미에게도 이야기 해서 이들도 부모님의 도움을 받아 신용카드를 만들었고 이들도 카드 연체료가 상당했다. 세 아이 모두 고등학교 졸업 후 할부로 새 스포츠카를 샀다. 빌리, 바비, 지미 세 사람 다 초기 성인기부터 매달 아파트세, 차 지불금, 신용카드 최소 결제 금액을 지불할 돈을 벌기도 힘들었다.

이삭과 이 세 친구 빌리, 바비, 지미가 성장하면서 배운 경험에 있어 무엇이 다른 점이었을까? 아버지로부터 배운 고대의 지혜 때문에 이삭은 돈을 여러 항아리에 넣고, 그리고 먼저 베풀고 저축하고 투자하는 것을 배웠다. 그래서 이삭은 그에게 돈을 빌린 사람들 위에 주인이 되고 부자가 되는 것을 배웠다. 세 아이들은 부모로부터 매주 더 많은 용돈을 받았지만 돈을 한 항아리에 다 넣었고 매주 다 써버렸다. 그리고는 거의 매 주가 끝날 때가 되면 원하는 것과 꼭 해야 되는 것을 하기 위해 돈을 빌려야 했다. 그래서 빌리, 바비, 지미는 돈을 쓰고 빌리는 것을 배워서 빌려 주는 사람의 노예가 되고 가난한 사람이 되는 자격을 갖추게 되었다. 이 네 명의 젊은이에게 있어 이 패턴은 성인으로서의 삶에서도 계속되었다.

첫 번째 비결

돈을 다섯 개의 항아리에 넣고 각 항아리에 일정 퍼센트씩을 분배하라. "쓰는 돈" 항아리에 할당 된 퍼센트만큼 자발적으로 제한해서 돈을 쓰고, 한 항아리의 목적을 위해 다른 항아리의 재정을 사용하지 말라. (특히 쓰는 돈의 경우)

생각해 보기

1. 당신은 재정 사용에 있어 항아리 하나를 사용하는가, 여러 항아리를 사용하는가?
2. 당신은 성장할 때 부모님으로부터 돈 관리에 있어 항아리 하나 사용하기를 배웠는가, 여러 항아리 사용하기를 배웠는가?
   a. 당신 부모님은 어떻게 돈을 관리했는가?
   b. 부모님이 당신에게 어떻게 돈을 관리하도록 가르쳤는가?
3. 당신이 아는 사람 중에 이 과에 나오는 트란씨처럼 여러 항아리를 사용해서 성공한 사람이 있는가?
4. 미래의 비전을 이루기 위해 트란씨가 제한해서 돈을 썼던 것처럼 당신은 어떻게 돈을 제한해서 쓰겠는가?
5. 여러 항아리를 사용하는 개념을 실천하기 위해 당신은 무엇을 하도록 계획하겠는가?
   a. 다섯 개 각각의 항아리에 몇 퍼센트씩 할당하면 적당하겠는가?
6. 당신에게 자녀가 있다면 자녀에게 여러 항아리를 사용하는 돈 관리에 대해 어떻게 가르칠 계획인가?

Five Wealth Secrets 96% of us Don't Know

CHAPTER 2
비전에 집중하라

이제 96%의 사람들이 모르고 실천하지 않는 두 번째 비결을 보자. 96%의 사람들은 공급에 집중하는 반면 4%의 사람들은 비전에 집중한다. 대부분의 사람들에게 왜 목표 달성을 하지 못하냐고 물으면 사람들은 보통 그 이유가 돈이 없기 때문이라고 말할 것이다. 이들은 비전에 초점을 맞추지 않고 공급에 초점을 맞추고 있다. 4%의 사람들은 비전이 있으면 공급은 저절로 따라온다고 믿는다. 그래서 그들은 공급이 자연스럽게 따라올 것을 기대하며 명확한 비전을 세우는 일에 집중하기로 선택한다.

고등학교를 졸업하고 여름에 이삭은 가족 모두와 이스라엘로 여

> 96%의 사람들은
> 공급에 집중하는 반면
> 4%의 사람들은
> 비전에 집중한다.

행을 갔다. 갈릴리 바다에서 배를 타는 동안에 이삭과 가족 모두는 특별하게 하나님을 만나는 체험을 했다. 배에서 메시아를 믿는 유대인 신자들과의 만남을 통해 이삭과 가족들은 예수가 약속된 유대인의 구세주임을 깨닫게 되었다.

집에 돌아와서 이삭은 예수를 따르는 유대인들이 많이 다니는 지역 교회에 적극적으로 참여했다. 이 교회에서 그는 아내가 될 레이첼을 만났다. 두 사람은 영양실조 어린이들에게 집중 영양 함축제를 공급해 주는 구호 단체와 함께 아프리카로 선교 여행을 갔다. 이삭과 레이첼 두 사람 다 그 곳에서 만난 영양실조 아이들의 필요를 보면서 마음 깊이 느낀 바가 있었다. 영양실조로 일 년에 거의 천만 명의 어린이가 사망한다는 사실에 두 사람은 충격을 받았다.

아프리카에서 돌아온 이삭은 더 많은 영양실조 어린이를 돕기 위해 '헌금' 항아리에 매달 더 많은 돈을 넣기로 결심했다. '쓰는 돈' 항아리의 돈을 헌금 항아리로 좀 옮김으로서 그는 그렇게 할 수 있었다.

이삭과 레이첼이 결혼하고 나서 얼마 뒤 이삭은 정말 자신의 삶의 목적과 부르심이 무엇인지 질문하기 시작했다. 하나님께서 이삭에게 개발 도상 국가의 영양실조 문제를 줄이는 일을 돕고자 하는 마음을 강하게 주셔서, 이삭과 레이첼은 사업체를 팔고 성경 대학에 가서 공부하여 평생을 아프리카 선교사로 살 것에 대해 이야기를 나누었다. 그래서 이삭은 아버지로부터 미래에 대한 조언을 받고자 시간을 내주실 것을 부탁 드렸다.

부모님 집의 거실의 큰 소파에 레이첼과 이삭이 앉자 아빠는 "이삭아, 부르심이 무엇이라고 생각하니? 그리고 누가 부르심이 있는 사람이라고 생각하니?"라고 물으면서 대화를 시작했다.

질문에 대해 잠시 생각하더니 이삭이 대답했다. "저는 보통 '부르심'이라는 단어가 랍비, 목회자, 선교사같은 전임 사역자에게 쓰이는 걸 들었어요. 부르심은 누군가가 전임 사역으로 하나님을 섬기도록 하나님으로부터 특별한 인도하심을 받는 거겠죠."

그러자 아빠가 말했다. "아들아, 전체 사람의 3%만이 랍비, 목회자, 선교사로 하나님을 섬기고 또 교회에서 설교하고 섬기는 것으로 생활비를 번단다. 그러면 하나님께서 97%의 사람들이 스스로 자신의 일을 추구하며 살도록 그냥 내버려 두신다고 생각하니?"

"아니요." 이삭이 대답했다. "그런데 97%의 사람들은 세속적인 일을 하잖아요. 그 사람들이 부르심이 있는건지 모르겠어요."

"세속적인 일이라는 말을 꺼내니까 흥미롭구나. 이삭아, '세속적'이란 단어의 사전적 정의를 아니?" 아빠가 물었다.

"아니요. 그 단어를 사전에서 찾아 본 적은 없어요." 이삭이 말했다.

"내 기억으로는 '세속적'(secular)이란 단어는 '**하나님이랑 아무 관계가 없다**', 또는 '**영원성과 관계가 없이 일시적**'[1]이란 뜻이란다. 그러면 삶 전체를 하나님께 드린 사람 중 그 누가 하나님과 아무런

---

1) http://www.merriam-webster.com/dictionary/secular

관계가 없고 영원성과 관계 없는 일시적인 일을 하겠니? 이삭아, 네 삶 전체를 하나님께 드리지 않았니? 네 평생의 삶에서 하나님께서 원하시는 것을 하나님이 하셔도 되겠니?"

"네, 아빠" 이삭이 대답했다. "우리가 함께 이스라엘에 갔을 때, 예수님이 저를 위해 자신의 생명을 포기하셨다는 것을 깨닫는 순간 저는 제 삶 전체를 주님께 드렸어요. 그날 저녁, 저는 이제부터 하나님 주머니의 천 원짜리 지폐처럼 되고 싶다고 하나님께 말씀 드렸어요. 하나님께서 원하시는 것이 무엇이든지 그것을 위해서 쓰임 받고 싶어요. 그러니까 제가 어떤 일을 하는 것은 아마 하나님께서 제가 그 일 하기를 원하신다고 제가 믿기 때문에 하는 걸 거예요. 따라서 하나님께서 제가 사업가가 되기를 원하신다면, 제가 우간다에서 영양실조에 걸린 어린이들을 돕는 선교사가 되기를 원하시는 것만큼이나 그것도 하나님께서 제게 주신 부르심일 거라고 생각해요."

"이삭아, 내가 말하려는 요지를 잘 이해했구나." 아버지가 말했다. **"특별한 사람들만 아니라 우리 모두는 하나님으로부터 받은 부르심이 있단다.** 네가 지금 말한 대로 우리의 삶 100% 전체를 하나님께 드리고 우리의 삶을 인도해 주시길 구하면 모든 사람들이 목사, 전도자, 선교사가 될까? 당연히 아니지! 하나님께서는 우리를 목사, 선교사 뿐만 아니라 사업가, 비행기 조종사, 엔지니어, 트럭 운전사, 배우, 영화 감독, 국회 의원, 시장, 교사, TV 뉴스 앵커로 부르셨단다."

아빠가 계속했다. "많은 사람들은 하나님을 섬기기 위해서는 목사, 선교사, 종교적인 일을 하는 사람이 되어야 한다고 생각한단다. 당연히 이것은 사실이 아니지. 우리 모두는 은사와 기술을 사용해서 사회에 기여하는 사람이 되고, 우

> "하나님께서 네게 주신 부르심을 발견하고 매일 하나님의 인도하심을 구하며 온 마음을 다해 부르심의 일을 하고 있으면 네가 하는 일이 하나님께 드리는 예배가 된단다"

리가 하는 모든 것으로 하나님을 영화롭게 하고 예배할 부르심이 있단다. 하나님께서 네게 주신 부르심을 발견하고 매일 하나님의 인도하심을 구하며 온 마음을 다해 부르심의 일을 하고 있으면 네가 하는 일이 하나님께 드리는 예배가 된단다."

"이삭아, 신실한 사업가인 오스 힐맨이 쓴 훌륭한 책을 내가 최근에 읽었는데 그 책에서는, 우리가 활동하고 영향력을 미치는 사회 영역에서 우리가 변화의 매체가 될 부르심이 있다고 이야기 하고 있단다. 하나님께서는 우리가 모든 사회 영역에서 하나님의 영광을 드러내고 변화의 매체가 되기를 원하신단다. 그러니까 네가 사업, 정치, 과학, 기술, 대중 매체, 아니면 해외 선교사 무엇으로 부르심이 있든지 관계없단다. 네가 일하도록 부르심이 있는 어떤 영역에서든지 너는 하나님의 나라를 위해 사람들에게 영향력을 미치도록 변화의 매체가 될 부르심이 있단다."

이삭과 레이첼에게 책을 보여 주면서 아빠가 계속 했다. "이 책을 한 권 줄게. 너희 두 사람 다 이 책을 읽었으면 좋겠어. 오스 힐맨[2]

---

[2] Hillman, Os, Change Agent (Lake Mary, FL: Charisma House: 2011)

의 '체인지 에이전트(Change Agent)'란다. '남보다 뛰어난 사람이 되도록 열정을 가져라(Engaging Your Passion To Be The One Who Makes a Difference).' 라는 부제도 너무 마음에 들어. 이삭아 이것이 바로 내가 네 삶에서 원하는 것이다. 네 열정을 변화를 가져오는 데 쓰는 것이지."

"좋아요, 아빠. 이 책을 읽고 싶어요. 그런데, 하나님께서 제가 무엇을 하기 원하시는지, 저의 정확한 부르심이 무엇인지 어떻게 알 수 있나요?" 이삭이 물었다.

"내가 경험한 바로는 하나님께서는 보통 사람의 마음에 소원을 주시고 그 사람의 삶에 주신 목적과 부르심을 감당할 수 있는 능력을 주신단다. 그래서 나는 네게 이런 질문을 하고 싶구나. "너는 매일 밤 잠자리에 누워서 무슨 생각을 하고 무엇에 대해 꿈을 꾸니? 넌 뭘 하기를 아주 좋아하니? 넌 무엇을 정말 잘 하니? 네가 좋아하는 것 뭐든지 할 수 있다고 한다면 넌 무엇을 하겠니?""

"전 사업이 너무 좋아요." 이삭이 대답했다. "저는 밤에 누워서 어떻게 하면 지금의 사업을 더 성장시킬 수 있을지, 고객을 섬길 수 있는 새로운 방법은 무엇인지, 어떤 새로운 사업을 시작할 지 꿈꿔요. 그렇지만 또한 아프리카의 영양실조 어린이들의 삶에 변화를 주고 싶은 강한 마음도 아프리카에서 갖게 되었어요. 제 온 마음으로 하나님을 섬기고 싶기 때문에 레이첼과 저는 성경 대학에 가서 공부하고 저희 삶을 아프리카 선교사로 드릴 것에 대해서도 이야기했어요."

"이삭아" 아빠가 다시 말을 시작했다. "네가 아프리카 아이들을 향한 강한 마음을 갖고 있지만 그것이 네 주요 부르심이라고는 생각하지 않는다. 아프리카의 영양실조 어린이를 도울 기술 있는 사람은 많지만, 너처럼 사업을 시작해서 운영하고 돈을 버는 기름부음, 은사, 지혜가 있는 사람은 많지 않단다. 하나님께서 네 사업에 축복으로 주시는 많은 돈을 영양 실조 어린이들에게 영양을 공급하는 데 분명히 사용할 수 있단다. 그런데, 네가 사업체를 팔고 아프리카 어린이를 섬기는데 네 삶을 사용하면 네 삶을 향한 하나님의 부르심을 놓칠 수도 있다고 나는 생각한다. 고아들을 돕도록 단기 선교 여행을 갈 수는 있지만 이것이 네 주요 부르심이라고는 믿지 않는다."

"아빠 말씀이 맞는 것 같아요." 이삭이 대답했다. "그런데 한 가지 질문이 더 떠올라요. 제가 선교사가 되지 않고 사업가가 되는 쪽으로 나가면 제 부르심과 비전을 추구하는 것이 아니라 돈을 추구하는 것이 아닌가라는 생각을 했었어요. 이제는 사업이 제 부르심이라는 건 알겠는데, 돈과 비전이 어떻게 연결될 수 있을까요?"

"이삭아, 아주 훌륭한 질문이야." 아빠가 대답했다. "96%의 사람들은 항상 비전이 아니라 돈을 추구한단다. 그런데 그 반대가 사실임을 나는 알게 되었단다. 하나님께서 네게 주신 비전을 추구해가면, 비전을 따라 돈은 자연스럽게 온단다. 지식과 비전의 부족이 성공의 가장 큰 방해 요소인데 반해 96%의 사람들은 성공의 가장 큰 방해 요소가 돈의 부족이라고 생각한단다. 이렇게 생각하는 많은 기

독교인의 말을 들으면 '돈이 부족하기 때문에 내 백성이 멸망한다.'
는 성경 구절이 정말 있다고 생각할 것 같애. 당연히 이런 성경 구절
은 없단다. 하지만 성경은 **비전이 부족하기에** 내 백성이 멸망하고 **지식이 부족하기에** 사람이 망한다고 말한단다."

잠 29:18
18 묵시(비전)가 없으면 백성이 방자히 행하거니와 율법을 지키는 자는 복이 있느니라

호 4:6
6 내 백성이 지식이 없음으로 망하는도다.

"아빠, 정말 맞아요." 이삭이 말했다. "제 주변의 대부분의 사람들은 돈이 좀 더 있으면 모든 문제가 해결될 것처럼 돈이 부족한 것에 대해 불평해요."

"정말 그렇단다." 아빠가 말했다. "사실 대부분의 사람들은 자신이 왜 돈이 필요한지도 충분히 생각해 보지 않는단다. 돈 자체에 가치가 있는 것은 아니다. 돈은 비전을 이루는데 사용되는 수단일 뿐이야. 사람들이 돈이 필요한 첫 번째 이유는 아마 삶의 필요를 '공급' 받기 위해서 일거야. 잠깐 공급과 비전의 관계에 대해 이야기해보자. 이 관계를 이해하는 것이 아주 중요하단다."

"당연히 우리 모두 의식주, 교통비 등이 필요하지." 아빠가 계속했다. "하지만 공급 받는 것에 집중하면 보통 생기는 결과는 공급이 더 부족하게 되는 것이란다. 아까 말했던 대로 비전이 있으면 공급은 자연스럽게 따라 온단다. **공급(provision)** 이란 단어는 **접두사 pro** 와 **어근 vision**. 두 부분으로 이루어진 단어야. 이 단어의 두 부분의 의미는 뭘까? **pro**의 뜻은 '~을 위한'(for)이고 **vision**은 시작점에 있으면서 최종의 목표, 목적지를 볼 수 있는 능력을 의미한단다. 웹스터 사전은 비전을 '실제로 보이는 것이 아닌 것을 머리 속으로 실제화하거나 미리 내다 보는 것을 통해 인식하는 능력'[3] 이라고 정의 한단다. 그래서 공급은 네가 최종 목표, 목적지로 갈 수 있게 하기 위해 그 전에 네게 오는 것을 말한단다. 비전을 위해서 오는 것이 공급이지."

"그러니까 공급보다 먼저 비전이 있어야지 돼. 비전이 없다면 '비전을 위해서 오는 것', 공급이 필요하지 않은거지. 공급은 비전을 지원하기 위해서만 오기 때문에 비전이 없으면 사람이 멸망한단다. 비전이 없으면? 공급도 없단다. 그래서 공급을 받을 수 있는 방법은 비전을 추구하고 명확히 하는 것이란다."

"그래서 아버지께서 저희에게 우리의 부르심과 비전을 명확히 분별하라고 말씀하시는 건가요?" 레이첼이 물었다. "바로 그렇단다." 아빠가 대답했다. "96%의 사람들은 삶의 명확한 부르심이나 비전이

---

[3] http://www.merriam-webster.com/dictionary/vision

없고 그것을 말로 표현하지 못하는 반면, 4%의 사람들은 부르심과 비전을 명확히 말할 수 있단다. 96%의 사람들은 자녀들을 '직업'을 가지고 '생활비'를 벌도록 준비시킨단다. 직업은 단순히 네가 죽을 때까지 네 시간을 차지하는 것이고, 생활비의 목적은 단순히 살기 위한 것이지. 그런데 삶은 단순히 살고 시간을 채우는 것 이상의 것이란다. 삶에는 목적이 있어야 하잖아! 4%의 사람들만이 자녀들을 부르심과 목적을 성취하도록 준비시킨단다. 우리가 이미 얘기했던 대로 부르심은 하나님께서 네가 어떤 것을 하도록 부르신 것이고 하나님께서 너를 이 땅에 두신 목적이란다."

"**96%의 사람들은 다른 사람의 비전을 성취해 주며 단지 돈을 위해 일하는 반면, 4%의 사람들은 비전을 위해 일하고 돈을 벌고 자신을 위해 일하지.** 96%의 사람들에게 있어서는 돈이 중요한 것이고, 그들은 돈을 위해서 일 한단다. 돈이 중요한 것이기 때문에 이 96%의 사람들에게 있어서 하나님은 자신이 더 많은 돈을 벌게 해 주는 종이 되는 거고, 4%의 사람들에게 있어서는 돈이 그들의 종이고, 그들은 하나님이 주신 부르심을 성취하기 위해 일한단다. 하나님이 그들의 주인이기 때문에 돈은 하나님이 주신 삶의 목적과 부르심을 이루기 위한 그들의 종이 된단다."

아빠가 계속했다. "어떤 한 사람이 삶의 비전과 부르심을 충분히 생각해 보았다고 말할 수 있는 지 아닌지는 쉽게 알아 볼 수 있단다. 아빠는 사업 상 여행을 많이 다녔거든. 비행기 안에서 옆에 앉은 사람에게 나는 자주 말을 걸어. 어떤 때는 옆 자리에 앉은 사람과 다음과 같은 대화를 나누었단다.

"무슨 일 하세요?"

"~ 회사에서 일 합니다. 아니면 ~ 제품을 팝니다. ~ 공장에서 일 합니다."

"그 일 좋으세요?"

"아니요, 별로에요."

"일주일에 몇 시간 일 하세요? 그 일 하신 지 몇 년 되셨어요?"

"일주일에 45~50 시간 일 하구요, 이 일 한지 약 25년 되었습니다."

"그러니까 당신은 좋아하지 않는 일을 일주일에 50 시간씩 25년을 하고 있는 거군요. 왜 그 일을 계속 하시나요?"

"돈 벌어야 되니까 일 하지요."

"돈은 왜 필요하세요?""

아빠가 계속했다. "옆 자리에 앉은 사람은 그 질문을 받으면 '뭐야, 뭐 이런 멍청한 질문이 다 있어?' 하는 의아해 하는 표정을 짓는단다. 그래도 보통은 예의 바르게 말하지. "집세, 차 할부금 내야 되고 음식, 옷 사야 되고 청구서 지불해야 되니까 돈이 필요하잖아요."

"왜 집, 음식, 차, 옷이 필요한가요?"

이제는 그들이 좀 화가 난 것 같고 그리고 말 한단다. "의식주가 없으면 죽잖아요."

그리고 어떤 때는 가장 기본으로 내려가고 비전을 찾고자 내가 마지막 질문을 한단다. "그러면 당신은 왜 살아야 되나요?'"

아빠가 계속했다. "이 질문을 받으면 대부분의 사람들은 나를 명한 눈으로 바라본단다. 이 질문은 하나님께서 그 사람을 이 땅에 두신 목적을 말하게 하는 질문이란다. 적어도 96%의 사람들은 이것에 대해 생각해본 적이 없고 그들이 존재하는 목적과 삶의 비전에 대해 말을 못 한단다. 그들이 이 질문에 답을 못 하면 나는 보통 대부분의 사람들이 이것에 대해 충분히 생각해 보지 않아서 이 질문에 명확한 답을 하지 못한다고 말하면서 고조된 긴장감을 풀어 주지. 그리고나서 나는 보통 하나님께서 고유한 목적을 가지고 그들을 이 땅에 두셨다는 것과 하나님께서 그들을 아주 많이 사랑하신다는 것, 하나님께서 그들을 창조하신 목적을 그들에게 계시하시기를 원하신다는 것을 알려 준단다."

"와! 놀라워요." 이삭이 말했다. "저도 그런 생각 안해 봐서요, 오늘 전까지는 명확한 대답이 있었을 지 모르겠어요. 이제 저도 이것에 대해 기도해서 명확히 대답할 수 있게 해야겠어요."

아빠가 계속했다. "목적을 이루기 위해서 우리는 비전을 사용하거나 돈을 사용할 수 있단다. 네가 목적을 이루고자 하는 구체적인 비전이 있고 그 비전을 명확히 말 할 수 있으면 많은 사람들이 네 비전에 돈을 투자 할 거란다. 그런데 네가 비전이 없거나 비전을 명확히 말로 표현하지 못하면 어느 누구도 네게 투자하지 않

> 목적을 이루기 위해서 당신은 비전을 사용하거나 돈을 사용할 수 있다.

을 거야. 그 경우에는 목표를 이루기 위해 너 자신의 돈을 써야 된단다. 목표와 관련된 비전이나 돈이 없으면 잠 29:18이 말 하는 대로 멸망하게 된단다."

아빠가 말했다. "여러 해 전에 내가 아는 사람이 이 원리를 설명해 주었어. 이 사람은 굉장히 성공한 사업가였는데 성공의 비결이 무엇이냐는 질문을 받았을 때, 그는 "텔레비전(television)이요. 그것이 제 성공의 비결입니다."라고 말했단다.

"무슨 뜻이죠?' 듣던 사람이 물었지. "TV 광고를 통해서 회사를 키웠다는 건가요?"

"아니요, 아니요!" 성공한 사업가가 말했단다. "거실에 있으면서 사람을 즐겁게 해주고 소득을 감소시키는 전자제품을 말하는게 아니구요. 저는 비전을 말하는 것을 통해서 사업을 발전시켰습니다. **텔레비전이 아니라 비전을 말하세요.(Tell a vision.)** 제게는 아주 좋은 제품이 있었고 왜 사람들에게 이 제품이 필요한지 강력한 이유도 있었어요. 그래서 처음에 제 투자자가 될 가능성이 있는 사람들에게 제 비전을 나누었고, 그들이 제 제품과 사업 계획에 대한 마음을 사서 제가 사업 시작하는데 필요한 돈을 투자 해주었어요. 그리고 판매자와 소비자에게 제 비전을 계속 이야기해서 강력한 소비자층과 판매자층을 형성했고, 그들로 인해 제 사업이 성장하고 성공하게 되었습니다. 그러니까 제 성공의 비결은 사람들에게 비전을 말한 것이죠."

아빠가 이삭과 레이첼을 향해 몸을 돌리며 말했다. "이삭아, 돈의 부족이 결코 성취를 방해하는 것이 아니라 비전이나 지식의 부족이 성취를 방해한단다. 그런데 대부분의 사람들은 돈이 부족한 것이 주요 장애물이라고 믿는 것 같아."

"맞아요, 아빠" 이삭이 소리쳤다. "아빠가 하시는 말씀을 들으니까 최근에 우리가 아프리카 선교여행 갔을 때 같이 갔던 한 여자분이 생각나요. 그 선교 여행을 갈 때 우리는 항공료와 여행 경비를 각자 마련했어야 했어요. 우리와 같이 갔던, 교사였다가 정년 퇴직한 분인 엘시라는 분이 비전을 말하는 이 원리를 배웠다고 했었어요."

"아, 맞아요." 레이첼이 맞장구를 쳤다. "여행 떠나기 6 주 전에 그 분은 그 선교 여행을 정말 가고 싶다는 마음이 들었고, 하나님이 가라고 부르신다고 느꼈지만 돈이 없었어요. 그녀는 그 선교 여행을 주관한 구호 단체 리더에게 선교여행을 가고 싶지만 자원이 없는 것에 대해 얘기 했어요. 그녀는 그 때 공급에 집중했고 비전을 나누는 원리에 대해서는 몰랐어요. 그녀는 돈이 부족하기 때문에 여행을 가는 일이 성취되지 못하리라 믿었어요."

레이첼이 계속 말했다. "그룹의 리더는 문제가 뭔지 알았고 엘시에게 '비전 말하기'를 하라고 제안했어요. 그는 그녀에게 우간다의 영양 실조 어린이들을 돕고자 이 선교 여행을 가려한다는 비전을 담은 편지를 써서 친구들과, 그리고 전에 그녀가 사람들의 삶을 변화시켜 준 세미나를 열었던 미국 내의 몇 교회에 보낼 것을 제안했어요."

이삭도 끼어들었다. "엘시는 편지를 보냈고, 재정적 자원이 들어오는 것을 보고 놀라게 되었어요. 약 2주 만에 그녀의 사역에 대해 믿음을 가진 사람들이 그녀가 아프리카 선교 여행을 가고도 남을 만큼의 충분한 돈을 보내왔어요. 그때 이후로 엘시는 계속해서 영양실조 어린이 돕는 일에 삶을 드리면서 여러 번 선교여행을 갔어요. 그녀는 지금 아프리카로 장기간 갈 계획을 세우면서 전임 사역을 하기 위해 재정 후원을 일으키고 있어요."

"정말 훌륭한 예구나!" 아빠가 소리쳤다. "너희는 참 똑똑해. 그러면 복습을 해보면, 돈이 부족해서 사람이 멸망하는 것이 아니라 지식이나 비전이 부족하기 때문에 사람이 멸망하는 거지. 또 흥미롭게 봐야 할 것은 96%의 사람들은 갑자기 돈이 많이 생겨도 그것을 유지를 못한단다. 몇 십억 원짜리 복권에 당첨된 사람들을 몇 년 후에 보면 빈털터리가 되었다는 그런 이야기 우리는 많이 듣잖아. 왜 그럴까?"

그들이 대답하기 전에 아빠가 스스로 먼저 대답했다. "96%의 사람들은 큰 액수의 돈을 관리할 지혜와 비전이 부족하기 때문이라고 나는 믿는다. 그리고 4%의 부자들은 큰 돈을 잃어도 몇 년 만에 다시 부자가 되는 이야기도 많이 듣게 된단다. 왜 그럴까? 4%의 사람들 안에 있는 비전이 짧은 시간에 부를 창출해 낸다고 나는 믿는다. 그러니까 장기적으로는 강하고 분명한 비전이 있고 (4%의 사람들) 돈이 없는 사람들이, 돈은 많지만 강하고 분명한 비전이 없는 사람

(96%의 사람)보다 재정적으로 훨씬 낮게 되는 거지. (마 19:26)."

이삭이 말했다. "아빠, 왜 오늘날 많은 사람들이 돈이나 공급에 집중한다고 생각하세요? 항상 그랬었나요?"

"그렇지 않았단다, 아들아." 아빠가 말했다. "과거에는 일반적인 사람들도 돈이나 공급보다는 비전에 집중했단다. 그런데 지난 50, 60 년 동안 우리 현대 사회의 가치관이 정말 많이 달라졌어. 과거에는 미국인 대다수 96%의 사람들이 돈보다 목적과 부르심을 더 가치있게 여겼단다. 그 때에는 하나님께서 나 자신보다 훨씬 더 큰 어떤 목적을 이루시기 위해 나를 이 땅에 두셨고, 그리고 이 목적을 이루기 위해서는 타인의 유익을 위해 나 자신을 희생해야 된다는 개념을 보통 사람들도 갖고 있었지. 오늘날은 이런 삶의 스타일이 테레사 수녀 같은 소수의 '특별한' 사람들에게만 해당되지만, 과거에는 개인을 희생하고 자기 자신보다 훨씬 더 큰 어떤 목적을 위해 사는 삶의 스타일이 사회의 많은 사람들에게 흔히 있었던 일이었단다."

"오늘날은 많은 사람들이 편리함을 위해 살지. 이전의 자기 희생의 가치관이 자기를 만족시키기의 가치관으로 바뀌었단다. 강한 목적 의식이 없기 때문에 자기 자신에게 집중하게 되고 공허해지고 삶의 성취감이 없단다. 많은 사람들이 공허하고 의미 없는 삶을 채우기 위해 다양한 시도를 하고 흥미 위주로 산단다. 자기 중심적으로 사는 사람들은 돈을 무의미하고 목적 없이 사는 삶의 고통을 완화시켜주고, 위로해주며 그럼으로써 자신을 만족시켜주고 즐겁게 해주는 주요 수단으로 본단다. 자신을 넘어서서 목적을 위해 사는 사람은 돈을 단순히 하나님이 주신 목적, 부르심, 비전을 이루기 위한 도구로 본단다."

아빠가 계속했다. "그러면 대학 교육의 목적은 무엇일까?"

다시 한 번 아빠가 자신의 질문에 스스로 대답했다. "과거에 자기희생의 가치관이 있었을 때 고등 교육의 목적은 세상에 변화를 가져오고 자신의 부르심과 목적을 이루기 위해 지식과 기술을 획득하는 것이었단다. 지금처럼 자기 자신을 만족시키려는 가치관이 강할 때는 고등 교육의 목적이 사람들로 하여금 더 많은 돈을 벌고 더 크고 더 좋은 것을 갖고 더 풍족한 삶의 스타일로 살도록 준비시키기 위함이란다."

"내 친구 크래그 힐이 쓴 결혼에 관한 책 **'당신의 배우자가 원하는 것을 도우라(Help! My Spouse Wants Out)'**[4]에 나오는 글을 좀 읽어 줄게. 1942년도의 스무 살 젊은이의 가치관을 살펴 보자. 지난 세기의 이 가치관과 현재 우리 시대의 스무 살 젊은이의 가치관을 대조해 보면 굉장히 충격적이야. 한 부분을 읽어 줄게."

아빠가 책을 들고 낡은 페이지를 펴서 읽어 주었다.

가치관의 변화로 인해 생긴 주요한 결과는 이런 환경에서 성장하는 아이들이 자신이 가치 있는 사람이라는 느낌과 목적 의식을 잃

---

4) Hill, Craig, Help! My Spouse Wants Out (Littleton, CO, Family Foundations International, 1996)

게 된다는 것이다. 과거에는 아이들은 성장하면서 자신이 고유하고 특별한 사람이라고 느꼈다. 이전 사람들은 자기 자신보다 훨씬 더 큰 어떤 목적을 위해 자신이 이 땅에 존재하는 것이고 사회와 하나님 나라를 위해 고유한 기여를 할 수 있다고 생각했기 때문에 자신이 하나님과 사회에 있어 소중하고 가치 있는 사람 이라고 느꼈다. 얼마 전까지만 해도 젊은이들은 자기 자신을 넘어서서 살 이유와 목적 의식이 있었다. 1942년에 내 아버지가 전쟁 후의 자신의 미래 계획에 대해 할아버지께 쓴 편지를 나는 최근에 읽게 되었다. 내 아버지는 전통적인 교단의 교회에서 성장했기 때문에 그때에는 주님의 강한 인도하심을 받고 있지는 않았었다. 하지만 1942년에 스무 살 청년으로서 그가 가졌던 가치관을 보는 것은 흥미롭다. 편지의 이 부분을 읽어 보자.

사랑하는 아빠,

오늘 오후에 어떤 직업에 흥미가 있는지에 대해 이야기 나누었는데, 오해가 있지 않도록 제 미래 계획을 알려드리고 싶습니다.

전쟁이 끝나고 나서 저는 대학에 진학해서 과학, 군사학, 정치학같은 많은 분야를 공부하고 싶습니다. 저는 의학과 유전학, 물리학, 화학, 천문학같은 과학에 관심이 있고 과학적, 심리적, 정신적 영향력과 의학의 관계에도 관심이 있습니다. 제가 정치나 군사 분야 쪽으로 가려는 유일한 이유는 과거에 너무나 많은 타락과 부패가 있었기 때문입니다. 우리가 전쟁에서 이긴다하더라도 평화를 잃으면, 독일이 전쟁에서 이겼지만 악한 사람들로 지탄을 받는 것처럼 우리도 결코 좋은 입장에 있지 못하게 됩니다. 전 돈에 대해서는 전혀 신경쓰지 않습니다. 저는 먹을 것이 충분하고 입을 옷만 약간 있으면, <u>국제 전쟁에서 싸우는 것이건, 정치적인 리더와 싸우는 것이건, 아니면 어려운 과학적 문제를 푸는 노력을 하는 것이건</u>…….. **무엇이건 간에 사람들에게 가장 큰 유익을 줄 수 있는 분야에서 평생을 일하고 싶습니다.**

전쟁 후에 저는 학교로 돌아가서 평생 동안 연구하고 최대한 많은 문제를 해결하려고 계획하고 있습니다. 이런 직업은 돈을 많이 못 벌기 때문에 저는 평생 빈털터리로 살 것 같습니다. 여러해 동안 충분한 경험을 쌓고 나면 대학에서 가르칠텐데 그러면 4백 내지 5백 만원의 연봉을 받게 되지만, 학과에서 돈이 없어서 사주지 못하는 연구 장비를 사는데 3, 4 백 만원을 쓸 것이고 그리고 나면 1년에 남는 돈은 백만 원이 안 되겠죠. 그러면 근근이 생활하는 정도만 되고 저축은 결코 못하게 됩니다. 저는 그런 종류의 일이 좋구요. 많은 월급을 받아서 자기 자신에게 많은 돈을 쓰거나 자신의 둥지를 더 많은 깃털로 채우는 사람을 혐오합니다. 이것이 정말 병든 사람들의 고통을 해소해 주고 치료할 방법과 장치를 개발해서 국민을 섬길 수 있는 분야입니다." (길맨 힐 1942년 7월 26일)

"내게 있어 충격적이었던 것은 스무 살 청년으로서 내 아버지가 가졌던 자기 자신을 넘어선 목적 의식이었다. 정말 그는 자기 자신을 만족시키는 가치관보다 자기희생의 가치관을 훨씬 더 추구했다. 그의 목적은 국민을 섬기는 것, 사는데 필요한 음식과 옷만 충분하면 어떤 분야에서건 관계없이 사람들에게 가장 유익을 줄 수 있는 분야에서 평생을 일하는 것이었다. 이 편지를 읽고 나서 나는 이런 태도가 아버지만 가졌던 특별한 태도였는지 물었다. 아버지는 그것이 결코 아버지만 가졌던 특별한 태도가 아니었고 아버지 친구들 대부분, 같이 학교를 다녔던 젊은이들이 가졌던 비슷한 태도였다고 말씀하셨다. 그 시대에는 분명히 많은 사람들이 사회와 타인을 위해서 사는 자기 희생적인 삶의 가치관을 갖고 있었다.

이런 삶의 가치관은 현재 우리 사회에서 사라졌다. 하나님께서 교회에 이것을 회복시키기 원하신다고 나는 믿는다."

"당신은 어떤 기본적인 가치관을 갖고 사는 사람인지 잘 점검해 봐야 한다. 당신은 누구를 위해서 사는가? 예수 그리스도, 그 분의 이름, 그 분의 나라, 그 분의 뜻, 아직 예수님을 모르는 다른 사람들의 유익과 행복을 위해서 사는가, 아니면 당신 자신, 당신 자신의 단기간의 행복, 자신의 감정적 만족을 위해서 사는가? 당신은 이기적인 삶의 가치관을 따르는가, 아니면 자기 희생적인 삶의 가치관을 따르는가? 이 질문들은 당신이 하나님 앞에서 마음으로 대답해야 하는 중요한 질문들이다."

기독교인에게 있어서는 사실 행복이 삶의 목표가 아니다. 하나님 나라에 있어서 목표는 예수님께 순종하고 하나님 나라를 확장하는 것이다. 기쁨과 성취감이 삶의 목표가 아니다. 이런 것은 예수님을 섬길 때 자연스럽게 따라오는 부산물이다. 목표보다 부산물을 추구하는 사람은 보통 두 가지 다를 놓치게 된다. 자신의 쾌락과 행복을 추구하면 당신이 추구하는 바로 그것을 잃게 된다고 예수님은 말씀하셨다.

막 8:34-35
34 무리와 제자들을 불러 이르시되 아무든지 나를 따라 오려거든 자기를 부인하고 자기 십자가를 지고 나를 좇을 것이니라
35 누구든지 제 목숨을 구원코자 하면 잃을 것이요 누구든지 나와 복음을 위하여 제 목숨을 잃으면 구원하리라.

"그러니까 예수님을 섬기는 것과 자신을 섬기는 것은 반대 목표이고 서로 양립된다. 예수님을 섬기는 것은 자기 희생의 가치관에 기반을 둔 것이고 자신을 섬기는 것은 자기를 만족시키려는 가치관에

---

5) ibid. pp. 51-53

기반을 둔 것이다. 하나님은 어느 누구에게도 하나님을 섬기라고 강요하지 않으신다. 그것은 우리의 자유 의지의 선택이다. 우리 스스로 선택하는 것이고, 우리의 선택은 우리의 가치관에[5] 기반을 둔 것임을 알아야 한다."

책을 내려 놓으며 아빠가 말했다. "그러니까 사람들이 항상 돈과 공급에만 집중했던 것은 아닌 것 같다. 과거에는 많은 사람들이 비전과 부르심에 집중하는 훌륭한 성품의 사람들이었던 것 같아. 이삭아, 이것이 중요한 포인트란다. 너희 두 사람이 같이 기도하고 이야기 하고 명확한 비전을 세워라. 그리고 온 마음을 다해서 하나님을 추구해라. 그러면 하나님께서 너희에게 항상 충분히 공급해 주실 것이다. 그리고 영적인 사람, 하나님을 기쁘시게 하는 사람이 되기 위해 돈이나 사업을 피하려고 하지는 말아라. 나는 사업이 너의 주요 부르심이라고 믿는다." 아빠가 결론을 내렸다.

"네, 아빠 말씀이 맞는 것 같아요." 이삭이 대답했다. "아빠, 저희가 이런 것을 다 생각해볼 수 있게 도와 주셔서 감사해요. 레이첼과 제가 같이 기도하고 우리의 부르심과 비전을 명확히 할게요."

다음 며칠간 이삭과 레이첼이 이 사항에 대해 대화하고 기도했을 때 이삭이 사업과 자선 사업에 부르심이 있다는 것이 정말 명확해졌다. 그는 정말 사업에 대한 열정이 있었고, 사회에서 영향력을 미치는 변화의 매체가 되도록 하나님으로부터의 부르심이 있었다. 그의 생각은 자연스럽게 사업 쪽으로 흘러갔고, 영양실조 어린이들의 평균 수명과 삶의 질이 그의 '현금' 항아리에서 공급되는 돈으로 긍정적으로 변화될 수 있다는 생각에 이삭은 사업을 더 잘 발전시키고 효과적으로 운영하는 일에 박차를 가하게 되었다.

아빠와 대화를 하고 그리고 레이첼과 함께 이야기하고 기도하면서 이삭의 삶의 비전이 명확해졌다. 이제 이삭은 사업을 시작하고 운영해서 사람들에게 일자리를 제공해 주고 돈을 사용해서 아프리카의 영양 실조 어린이들을 지원하도록 하나님으로부터 부르심을 받았다는 것을 알았다. 그래서 그는 자신이 하는 일을 왜 하는지 마음에 분명한 이유가 생겼다. 그래서 이삭은 계속해서 금융 회사를 성장시켰고 세차장 사업과 부동산 투자도 계속했다. 아프리카 아이들을 돕도록 이삭과 레이첼이 현금 항아리에서 기부하는 돈이 곧 매달 천만 원이 넘게 되었다. 그러는 동안에 이삭은 학교 동창 빌(빌리)하고 계속 연락을 주고받았다. 안타깝게도 빌은 아버지로부터 지혜로운 조언을 받지 못했다. 빌은 고등학교를 졸업하고 대학에서 공학을 전공했다. 빌이 이 분야를 선택한 것은 부르심 때문이 아니라 돈을 많이 벌고 싶어서였다. 대학 졸업후 빌은 수와 결혼했고 연봉 8,000만원이 넘는 엔지니어의 직업을 가졌다. 빌과 수는 처음에 현금을 하나도 내지 않고 첫 5년은 이자만 갚는 은행 대출을 받아서 3억짜리 예쁜 집을 샀다.

빌은 비전에 대해 생각해 보지 않았기 때문에 새 집, 새 차, 많은 가전 제품을 샀고 컨트리 클럽에 가입해서 골프를 즐겼다. 더욱이 빌은 돈 항아리가 하나밖에 없었기 때문에 빌과 수는 매달 버는 돈 100%를 집 대출금 갚고, 차 할부금 내고, 신용카드 대금 결제하고, 컨트리 클럽 회비 내는 데 다 쓰는 삶의 스타일로 살았다. 빌과 수는 돈에 초점을 맞추었고 결혼 초기에 몇 번은 친구 소개로 알게 된 '빨리 부자 되기' 사기 사건으로 돈을 잃기도 했다. 수는 일을 하고싶거나 일하도록 부르심이 있어서가 아니라 매달 청구서 지불할 돈이 필요했기 때문에 일을 했다.

빌과 수는 교회에서 태국과 캄보디아의 아이들을 성의 노예(sex slaves)로부터 구해 내는 자선 단체에 대해 듣고 큰 감동을 받았다. 이 국가들에는 사창가에 가서 강제로 매춘 일을 하고 있는 소녀들을 구해내오는 사역 팀이 있었다. 이 단체는 또한 이런 소녀들에게 집을 제공해 주고 공부를 마칠 수 있게 해 주었으며 하나님과의 관계로 들어가도록 도와주는 사역을 했다. 빌과 수는 동남아시아에 가서 이 사역을 직접 보고 이 단체에 후원을 하고 싶었지만 매 달 내기로 약속된 곳에 지불하기 위해 번 돈을 다 썼기 때문에 그렇게 할 수가 없었다.

빌과 수는 이 소녀들을 돕는, 마음에 정말 하고 싶은 이 일을 할 돈이 없다는 사실에 대해 자주 슬퍼했다. 이삭과 레이첼은 비전이 있으면 공급이 따라 온다는 원리를 그들에게 나누려고 몇 번 시도했다. 한번은 이삭이 빌에게 "돈이 없어서 사람이 멸망한다."는 구절이 성경 어디에 있냐고 묻기도 했다. 하지만 빌은 그 개념을 결코 이해하지 못했다. 그들은 돈에서 초점을 떼고 하나님께서 주신 비전과 부르심을 추구하는 것을 하지 않았다.

두 번째 비결

공급이 아니라 비전에 집중하라. 하나님이 당신에게 주신 목적과 부르심을 발견하라. 돈에 따라서가 아니라 부르심에 따라서 직업을 선택하라. 그리고 온 마음을 다해 부르심과 비전을 추구하고 공급이 자연스럽게 따라올 것을 기대하라.

생각해 보기

1. 당신의 삶에서 공급이 아니라 비전에 집중하는 것이 어떤 모습일지 말해 보라.
2. 당신과 하나님과의 관계가 어떤지에 대해 말해보라.
    a. 당신 삶을 예수 그리스도께 헌신했는가? 당신의 평생을 인도하시도록 예수 그리스도께 허락해 드렸는가?
3. 하나님이 당신에게 주신 부르심과 목적이 있다는 것을 오늘 이전에도 알았는가?
4. 당신이 지금 아는 당신 삶의 비전을 최대한 명확히 말해보라. (아직 비전이 명확하지 않다면 명확한 비전을 하나님으로부터 받도록 사람들에게 기도 부탁을 하라.)
5. 어떻게 당신의 열정을 세상을 변화시키는 일에 쓸수 있을지 말해보라.
6. 어떻게 당신의 비전이 당신으로 하여금 당신 자신을 벗어 나서 하나님을 영화롭게 하고 타인에게 유익을 주는 삶을 살게 만드는 지 말해 보라.
7. 어떤 면에서 당신은 "돈 이 부족하기에 내 백성이 멸망한다."라고 믿었는가?
8. 당신 삶의 비전을 발전시켜 나가도록 '비전 말하기' 개념을 어떻게 활용할 수 있을까?

CHAPTER 3
배가에 투자하라

세 번째 비결 : 1 부 - 배가되는 것에 투자하라

4%의 사람들이 알고 실천하는 세번 째 비결은 돈을 어떻게 활용하는가와 관계된 것이다. 96%의 사람들은 나중에 가치가 절하되는 것을 구입하는 데에 가진 돈 거의 다를 쓰는 데 반해 4%의 사람들은 배가되는 것에 투자하는 데에 상당한 퍼센트의 돈을 분배한다. 그렇기 때문에 4%의 사람들은 소비를 위해 돈을 빌리거나 이후에 가치가 절하되는 것을 신용으로 돈을 빌려 구입하는 일이 결코 없다. 96%의 사람들은 돈을 한 항아리에만 넣기 때문에 가진 돈을 다 쓰고, 추가적인 물건은 신용카드로 구입하고, 계획하지 않은 지출을 할 상황이 생기며 기본적인 생활비를 마련하기 위해 돈을 빌린다.

이삭은 20 대 초반에 계속해서 금융 회사를 키워 갔고 부동산 소유를 늘려 나갔다. 어느 날 이삭과 레이첼이 부모님과 저녁 식사를 하다가 이삭은 왜 자신과 학교 동창들 특히 빌, 밥, 짐의 삶의 스타일과 경험하는 것이 다른지 아빠에게 질문했다.

"아빠" 이삭이 말했다. "왜 제 친구들 대부분이 현명한 재정적 선택을 못 하는지 궁금해요. 제가 보기에는 여러 상황에서 뭘 선택해야 할 지 너무 명확한 것 같은데 빌, 밥, 짐같은 제 친구들은 그걸 못 보나 봐요. 예를 들어, 이 세 가족 다 신용카드 연체료가 상당해서 어떻게 하면 경제 상황을 좀 개선시킬 수 있을지 계속 이야기하면서도 할부로 새 차를 사잖아요."

"지난 주말 교회 예배 때 매우 아이러니한 일을 보았어요. 저처럼 온 마음으로 하나님을 사랑하는 빌이 **'한 주님(ONE MASTER)'** 이라고 쓰여진 티셔츠를 입고 교회에 왔어요. 당연히 주님은 메시아 예수님을 말하는 것이었죠. 하지만 제가 10살 때 아빠가 잠 22:7을 보여주시면서 가르쳐 주셨던 것이 기억났어요. 제가 커서 부자가 되고 싶은지, 가난한 사람이 되고 싶은지, 주인이 되고 싶은지, 종이 되고 싶은지 아빠가 제게 물으셨어요. 빌리는 자는 빌려 주는 자의 종이 된다고 이 구절에 나와 있다고 아빠가 제게 가르쳐 주셨어요. 빌이 여러 신용카드와 금융 회사에서 많은 돈을 빌렸기 때문에 이미 여러 주인의 종이 되었음에도 빌이 한 주인이 있다라고 선포하는 티셔츠를 입은 것이 아이러니라고 저는 생각했어요. 빌의 주인 중의 하나는 아주 담대해서 주인이란 걸 확실히 알리려고 카드상에 '마스터 카드'라는 이름까지 내걸었잖아요."

이삭이 계속했다. "이 진실을 알면 우리 교회 사람 중에 정직하게 이 티셔츠를 입을 수 있는 사람은 몇 안될 것 같아요. 주인이 하나만 있는 게 아니니까요. 그리고 아빠, 제 친구들 대부분은 매달 버는 돈 100%를 기본 생활비에 그리고 매달 꼭 갚아야 되는 것 갚는데 써요. 하나님께서 정말 우리 교회에 오셔서 선교 프로젝트에 재정으로 참여하라고 하시면, 대부분의 사람들은 그것을 하고 싶건, 하고 싶지 않건 관계없이 프로젝트에 참여할 수가 없어요. 매달 들어오는 돈의 100%가 빚 갚는데 할애 되거든요. 그들이 먼저 만족시켜야 되는 다른 많은 주인이 있기 때문에 현실적으로 그들은 주 하나님께 순종할 수가 없어요. 빌하고 수, 그리고 제 친구들 대부분이 그런 경우예요."

"이삭아, 난 네가 자랑스럽다." 아버지가 소리쳤다. "넌 어렸을 때 많은 것을 배웠어. 네가 지금 방금 96% 사람들의 생각과 4% 사람들의 생각의 차이점을 말했단다. 96%의 사람들은 가치가 절하하는 것에 돈을 투자하는 반면, 4%의 사람들은 배가되는 것에 돈을 투자한단다. 에덴 동산에서 하나님께서 인간에게 주신 첫 번째 명령은 **'열매 맺고 배가하라'** ('생육하고 번성하라') (창 1:28)였단다. 그러니까 하나님께서는 우리가 열매 맺는 것 만이 아니라 배

> 96%의 사람들은
> 가치가 절하하는 것에
> 돈을 투자하는 반면
> 4%의 사람들은
> 배가되는 것에 돈을 투자한다

가하기를 기대하신단다. 빌려 주고 빌리는 것과 관련되어서, 돈을 빌려 주면 이자를 받기 때문에 돈이 배가되지만 돈을 빌리면 이자를 내기 때문에 돈을 잃게 된단다. 우리가 하나님의 원리를 따라 살면 축복받는다고 고대의 지혜는 말해준단다.

신28:12-13 은 말한다.
12…… 네가 많은 민족에게 꾸어줄지라도 너는 꾸지 아니할 것이요.
13 여호와께서 너로 머리가 되고 꼬리가 되지 않게 하시며 위에만 있고 아래에 있지 않게 하시리니 오직 너는 내가 오늘날 네게 명하는 네 하나님 여호와의 명령을 듣고 지켜 행하며.

아빠가 계속했다. "돈을 빌려 주면 네 돈의 가치는 배가한단다. 그러나 빌리면 네 돈의 가치는 감소된단다. 이삭아, 돈을 빌리는 것이 잘못된 것은 아니지만 이자 때문에 투자할 때보다 빌릴 때는 돈의 가치가 훨씬 적어진단다. 돈을 빌릴 때 부과되는 이자율보다 훨씬 높은 비율로 가치가 배가될 사업 자금을 마련하기 위해서나, 부동산이나 자산에 투자하기 위해 돈을 빌리는 것은 지혜로울 수 있단다. 그러나 96%의 사람들은 흔히 전혀 가치가 증가하지 않을 것에 투자하기 위해서뿐만 아니라, 돈을 빌리고 싶는 기간 동안에 가치가 절하될 것에 투자하기 위해 돈을 빌리고 이자를 내려고 한단다. 네 친구들이 그것을 한 것 같구나."

"바로 그거예요, 아빠" 이삭이 소리쳤다. "제 친구들 여러 명은 차를 사기 위해서나 심지어는 휴가를 가기 위해서 돈을 빌려요. 이런 것은 당연히 가치가 증가되는 것이 아니라 그들을 빌려 주는 자의 종이 되게 만드는 것이죠."

"이삭아, 정말 그렇단다." 아버지가 소리쳤다. "'**한 주인(ONE MASTER)**' 티셔츠 입은 네 친구에 대해 네가 말했었지. 너는 개인적인 빚이 없고 매달 긍정적인 현금 흐름이 있으니까 그 티셔츠를 입을 수 있다고 생각한다."

"네, 그런데 저 아파트 사고 세차장 사업 하려고 돈을 빌려서 빚이 있잖아요. 세를 내준 집 두 채의 집 값은 이미 다 갚았지만, 부동산 투자 하느라 돈을 빌렸기 때문에 저도 제게 돈을 빌려 준 사람들의 종이라서 저도 그 티셔츠를 입을 수 있을지 모르겠어요." 이삭이 말했고 아빠가 대답했다. "넌 개인적인 빚이 없어서 매달 버는 돈의 100%를 네 마음대로 사용할 수 있으니까 그 티셔츠를 입을 수 있다고 믿는다. 넌 그 티셔츠 입을 자격이 돼. 아파트 사고 세차장 사업 하기 위해 돈을 빌렸지만 거기에서 나 오는 현금 흐름이 이자보다 훨씬 많고, 이 사업체의 자산 가치와 부동산 가치가 계속 올라가고 있어서 대출금 상환 잔액보다 그 가격이 훨씬 높잖니. 투자하기 위해 돈을 빌린 것은 조건적 거래로 보면 된단다. 대출금 상환 잔액이 아직 더 있지만 너는 그것에 대해 은행이 언제든지 네 사업체나 부동산을 가져가려 한다 해도 별문제 없고, 물론 미래에 네 사업체나 부동산의 가치가 떨어질 위험성도 당연히 있지만 지금은 대출금 상환 잔액보다 그 자산 가치가 훨씬 높잖아. 지금은 네 사업체의 자산 가치와 부동산 가치, 그리고 현금 흐름이 이자보다 훨씬 크니까 투자하기 위해 돈을 빌리는 것이 지혜롭다고 생각한다."

아빠가 계속해서 말했다. "이삭아, 하나님께서 실제로 네 교회에 오셔서 교인들에게 프로젝트에 참여하라고 하셔도 대부분의 교인들이 매달 수입의 100%를 이미 다른 주인들 (채권자)에게 보내기로 약속했기 때문에 프로젝트에 재정적으로 참여할 수 없다고 했지? 그래서 생기는 결과는 교회 리더들이 교회 건축에 필요한 재정을 교회에서 마련할 수 없게 된다는 것이다. 그러면 교회 리더들은 많은 경우에 96%의 사람들이 하는 것과 똑같은 일을 한단다. 그들은 교회 건축을 위해 은행에 가서 돈을 빌리는 거지.

그렇게 되면 하나님께서 교인들을 가지치기 하실 때나 목사님이 사람들이 듣기 좋아하지 않는 내용을 설교하려고 할 때, 목사님은 교인들이 교회를 떠나지 않을까 두려워하게 되고 매달 은행에 돈을 갚아야 되는 목사님이나 리더들에게는 압박감이 될 수 있어. 목사와 리더들이 하나님을 향한 순수한 마음이 있어도 그들은 빌려 주는 자의 노예가 되었기 때문에 압박감에 짓눌리게 된단다. 그런 압박 아래에서는 목사님은 은행 빚 갚는데 필요한 돈을 잃지 않기 위해 사람들이 좋아하지 않는 내용의 설교는 하지 않기로 결정하게 된단다. 그러면 이삭아, 교회에서의 설교 내용을 누가 지배하고 있는 것일까?"

"맘몬의 영이⁶⁾ 목사님과 교회 리더들을 은행의 노예로 만들었고 맘몬의 영이 주는 두려움이 설교 내용을 지배해요." 이삭이 말했다.

"바로 그렇단다!" 아빠가 소리쳤다. "이것은 하나님의 계획이나 패턴이 아니라고 생각해."

"성경에서 모임 장소를 건축하거나 시설 마련을 위해 재정을 마련했던 방법을 생각해보면, 출애굽 후에 하나님을 예배할 곳, 즉 성막을 지을 때가 있었어. 모세와 지도자들이 회중에게 성막 건축을 위한 헌금을 가져 오라고 부탁했어." 아빠가 아이폰의 성경 어플을 열어서 읽었다.

출 36:5-7

5 모세에게 고하여 가로되 백성이 너무 많이 가져 오므로 여호와의 명하신 일에 쓰기에 남음이 있나이다
6 모세가 명을 내리매 그들이 진중에 공포하여 가로되 무론 남녀하고 성소에 드릴 예물을 다시 만들지 말라 하매 백성이 가져오기를 정지하니
7 있는 재료가 모든 일을 하기에 넉넉하여 남음이 있었더라.

"이삭아, 네 교회 목사님이 교인들에게 이미 헌금이 너무 많이 들어왔으니 이제 헌금 그만 내라고 하시는 거 들어본 적 있니?" 아버지가 물었다.

---

6) '맘몬의 영'을 더 이해하려면 크래그 힐의 책 '그리스도인의 재정 원칙' 1장을 보라.

"그런 적 한번도 없어요, 아빠" 이삭이 어깨를 으쓱했다.

"그런데, 고대 이스라엘에는 바로 그런 일이 있었단다. 어떻게 그 시대에는 그렇게 할 수 있었고 지금 우리 시대에는 그런 것을 꿈도 못 꾸는지 궁금해서 난 스스로에게 질문해 보았단다. 차이점이 무엇일까? 옛날에는 사람들이 더 후하게 베풀었기 때문일까? 아니면 그들에게는 뭔가 자원이 더 많았을까? 그 시대 사람들은 빚이 없어서 자신의 돈 100%를 마음대로 할 수 있었다는 차이점이 있었다는 것을 나는 깨달았단다. 그들에게는 유일한 한 주인, 하나님만 계셨어. 오늘날 대부분의 사람들은 빚이 많아서 자신의 자원의 통제권을 많은 주인(채권자)에게 내주었단다. 대부분의 사람들은 자신의 자원에 대한 권한을 많은 다른 빌려준 자에게 위임했기 때문에 많은 주인들의 노예가 되었고 본인이 원할지라도 재정에 있어 하나님의 인도하심을 받을 수가 없단다. 교회에서 건축을 위해 재정을 마련하는 성경적 방법이 오늘날은 이루어지지 않는 주요 이유가 바로 이것이란다."

이삭이 물었다. "아빠, 어떻게 우리 사회가 이렇게 엉망이 되었나요? 북미 사람 90% 이상이 빚이 있는 것 같아요. 대부분의 사람들이 집을 사려고 대출을 받잖아요. 항상 이랬나요?"

"아니다, 아들아, 그렇지 않았단다." 이삭의 아버지가 대답했다. "4 세대 전, 아니면 3 세대 전만 해도 빚 있는 사람이 거의 없었단다. 그 때에는 젊은 부부가 집을 소유하고 싶다고 해서 은행에 가서 30 년 기간의 빚을 내는 것은 아무도 생각하지 않은 일이었단다. 오늘날은 아마 96%의 젊은이들이 그런 생각을 할 것이다. 사실 많은 사람들은 은행 대출을 받지 않고는 집을 사는 것이 불가능하다고 생각할 거야. 그런데 나는 집 사려고 은행에서 돈 빌린 적이 없어서 대출금 갚아야 될 것이 없단다. 너도 집 사려고 은행에서 돈 빌린 일이 결코 없잖아. 100년 전에는 집을 소유하려고 은행에서 돈 빌리는 사람이 아무도 없었단다."

"그러면 그때는 사람들이 어떻게 집을 소유하게 되었나요?" 이삭이 물었다.

"그 시대에 그리고 우리 공동체에서 지금도 모든 사람이 계속 실천하는 개념이 있어. 가계의 축복을 실천하는 것이 바로 그것이란다. 부모와 조부모가 성인으로서의 삶을 시작하는 자녀와 손주를 도와야 한다는 책임을 느낀 것이지. 4세대 전에는 젊은 부부가 집을 소유하려고 할 때 필요한 자재를 위한 재정을 부모와 조부모가 공급해 주는 것이 전형적인 일이었단다. 많은 경우 통나무 같은 자연의 재료를 사용했고 부모가 그것을 공급해 주었단다. 그리고 친척들이 다 모여서 노동력을 제공해 집을 지었단다. 그렇게 함으로 '**선한 사람은 그 자녀의 자녀에게 유산을 남긴다.**'(잠 13:22후반절)는 고대의 잠언을 모든 세대가 실천했단다.

"어찌된 일인지 오늘날은 대부분의 가정이 가계의 축복 개념을 잃어 버렸어." 아빠가 계속했다.

"그러니까 100년 전에는 주택을 구입하기 위해 은행에 가서 30

년 대출을 받는다는 것을 생각한 사람이 아무도 없었단다." 이삭이 말했다. "그런데 오늘 날은 전체 미국인의 96%가 그런 생각을 할 거예요. 100년 동안에 뭐가 달라진 건가요?"

아빠가 말했다. "이삭아, 네가 사단과 귀신의 영을 실제로 믿는지 모르겠다만 나는 이런 것이 실제라고 믿는단다. 우리 사회 안에 정말 영적 전투가 있고 사단이 사람들을 자신의 노예로 삼으려고 전략적 계획을 실행한다는 것을 나는 알게 되었단다."

> 약 100년 전에 지옥에서 국제 전략 회의가 있었다.

"저도 그렇게 믿어요, 아빠." 이삭이 금방 말했다.

"그렇다면, 정확히는 모르겠지만 약 100년 전에 지옥에서 국제 전략 회의가 있었던 것 같아. 사단이 모든 귀신들을 모아서 모든 나라, 모든 세대를 자신의 노예로 삼을 수 있는 새 전략을 찾고 있다고 발표를 했어. 그러자 **맘몬의 영**(마 6:24)이 손을 들고 한 가지 계획이 있다고 말했어.

맘몬(Mammon)이 말했단다. '제가 성경에서 배운 원리가 있는데 그걸 사용하면 될 것 같아요. 잠 22:7에 빌리는 자는 빌려 주는 자의 노예가 된다고 나와 있어요. 우리가 이미 지옥에서 지배하고 있는 기관과 사람들이 있잖아요. 그들은 나, 맘몬의 영을 섬기는데 완전히 헌신되어 있고 돈을 사랑하기 때문에 내가 그들을 지배하고 있어요. 그래서 이 기관들과 사람들을 사용하기 시작해서 사람들에게 이자를 내면서 돈을 빌릴 수 있게 할게요. 돈을 빌리는 사람들은 우리가 지배하고 있는 빌려 주는 사람의 노예가 되는 것이죠.'"

아빠가 이야기를 계속했다. "그러자 사단이 물었어. '그런데 어떻게 사람들로 하여금 돈을 빌리게 만들 수 있지?'

'아니, 아니, 우리가 억지로 돈 빌리게 할 필요가 전혀 없어요.' 맘몬이 음흉하게 웃으며 말했어. '사람들이 자발적으로 돈을 빌릴 거예요.'

'뭐!' 사단이 소리쳤어. '사람들이 자발적으로 우리가 지옥에서 지배하고 있는 기관과 사람의 노예가 될 거라고? 그렇게는 안될걸.'

'처음에는 많이는 안 할 수도 있어요.' 맘몬이 말했단다. '그런데 우리는 계속 사람들을 속여서 이 아이디어에 익숙해지게 할 거예요. 그러니까 처음에는 몇 사람만 돈을 빌릴 거예요. 그러나 몇 십 년 후면 거의 모든 사회 전체가 빚에 대해 익숙해 져서 돈을 빌리고 우리의 노예가 될 거예요.'"

"아주 똑똑하네요." 이삭이 끼어 들었다. "정말 그렇지!" 아빠가 계속했다. "그리고 사단이 말했단다. '그런데 난 기독교인들에게도 영향을 미칠 그런 전략을 원해. 그런데 이것은 기독교인들에겐 안 먹힐 것 같아.'

'분명히 될걸요.' 맘몬이 말 했어. '다른 모든 사람들이 하는 대로 기독교인들도 똑 같이 할 거예요.'

'그러니까 성령충만하고 하나님과의 관계 안에 있는 사람들이 지옥에서 우리가 다스리고 있는 기관과 사람들에게 자발적으로 절하고 노예가 될 거란 말이냐? 그렇게 하지 않을걸. 그들은 그렇게 어리석지 않아.'"

"다시 맘몬이 응수했단다. '아마 처음에는 많이 하지는 않을 거예요. 하지만 우리가 기독교인을 속이고 이런 것을 정상적인 일이라고 소개하면 기독교인들도 점점 더 많이 그렇게 하게 될 거예요. 결국에 가서는 목사와 리더들도 교회 건물을 위해 돈을 빌릴 것이고 기독교 기관들도 우리의 노예가 될 거예요. 빚의 개념을 완전히 정상적인 것처럼 보이게 만들면 몇 십 년 후에는 가정, 회사, 교회, 도시 심지어는 국가들까지도 빚을 통해 우리의 노예가 될 거예요. 이 개념을 소개하고 짧은 기간 두고 보자구요.'"

"사단이 잠시 멈추었다가 소리쳤단다. '네 계획을 실행해라. 네 속임이 정말 그렇게 강해서 사람들이 빚을 통해 자발적으로 우리에게 절하며 노예가 되는지 보자. 사람들이 정말 그렇게 어리석고 단기적으로만 본다는 것이 믿겨지지 않지만 네가 맞을 수도 있겠구나. 곧 알게 되겠지!'"

그리고 아빠가 결론을 내렸다. "이삭아, 그리고 인류 역사가 이렇게 된 거야. 이렇게 해서 100년 전에는 아무도 은행이나 금융 회사에서 돈을 빌리지 않았었는데 지금은 대부분의 사람들이 큰 빚을 지게 되었다고 나는 생각한단다. 문화와 사회 전체가 속은 것이라고 나는 생각해."

"와, 아빠, 정말 놀라워요." 이삭이 소리쳤다. "제가 제대로 이해했다면, 4%의 사람들은 배가 되는 것에 돈을 투자하고, 배가되지 않는 것을 사기 위해 돈을 빌리지 않음은 물론이고 오히려 돈을 빌려주고, 그래서 빌려간 사람들의 돈 가치가 절하되는 동안에 이들의 돈은 배가한다는 것이죠. 96%의 사람들은 배가에 대해서 모르거나 생각하지 않고, 여러 항아리가 있지 않아서 한 항아리에 있는 돈을 다 쓰고, 그리고 나서는 필요한 것과 원하는 것을 사기 위해 돈을 빌린다는 것이죠. 맞아요?"

"그래, 아들아, 잘 알아들었구나."

그리고 이삭이 말했다. "그러면 하나님의 초자연적인 배가는 어떤가요? 그것은 어떻게 작용하는 건가요? 예를 들어서 예수님이 한 소년의 점심을 배가시키셔서 수천 명을 먹이셨던 것이 떠올라요. 하나님께서 오늘날도 이런 일을 하시리라 우리가 기대해야 될까요?"

이삭의 아버지가 미소지었다. "당연하지! 사단과 귀신의 영이 초자연적으로 사람들을 속이고 있다면 하나님께서는 얼마나 더 하나님의 백성들의 삶에 유익을 주려고 초자연적으로 일하고 계시겠니? 그리고 4%의 사람들이 생각하는 것, 그 무언가 때문에 하나님이 초자연적으로 배가 시키시는 일을 하시는 것도 있다는 걸 나는 보게 되었단다."

"4% 사람들은 어떻게 생각하는데요?" 이삭이 재빨리 물었다. 아빠가 말을 시작했다. "96%의 사람들은 없는 것, 가지지 못한 것에 집중하는 경향이 있는 반면에 4%의 사람들은 가진 것에 집중한단다. 많은 경우에 4%의 사람들은 처음 가진 아주 작은 액수를 하나님께서 초자연적으로 배가시키실 것을 기대한단다. 그래서, 예를 들어서 네가 언급한 이야기에서 예수님의 제자들은 수천 명을 어떻게 먹일지 좌절했단다. (요 6:4-14). 그들에게 없는 것에 집중했던 거지. 예수님께서 제자들에게 사람들을 먹이라고 하셨을 때 그들은 충분한 음식이 없다고 금방 예수님께 말하기 시작했어. 돈도 충분히 없었고, 돈이 있어도 가서 음식을 살 가까운 동네도 없었단다." "그리고 나중에야 제자 안드레가 초점을 없는 것에서 있는 것으로 바꾸었지. 안드레가 한 말을 내 말로 표현해 볼게. '한 소년이 빵 다섯 개와 생선 두 마리의 작은 점심 도시락이 있는데, 그것을 헌물 하려고 합니다. 그런데, 그 음식이 이 많은 사람들에게 뭐 도움이 될 지는 모르겠지만 하여튼 우리가 가진 것은 이것입니다.' 그러자 예수님께서 그 아이의 점심 도시락을 사용하여 하나님의 초자연적인 배가를 행하셔서 오천 명과 그 가족들이 다 먹었지."

아빠가 계속했다. "여기서 요지는 하나님께서 자연적으로나 초자연적으로 100배, 1,000배, 아니면 10,000배 까지도 배가시킬 수 있다는 것이다. 하지만 $10,000 \times 0 = 0$ 이지. 없는 것에 집중하고 하나님께 없다고, 그러니까 0을 말하는 사람은 결코 하나님의 배가를 경험하지 못한단다. 1을 10,000으로 곱하면 큰 숫자가 되지만 0은 백만을 곱해도 여전히 0이잖아. 그래서 이것이 4% 사람들의 또 하나의 비결이란다. 그들은 항상 가진 것, 있는 것에 집중하고, 작은 액수로 시작할지라도 그것이 배가될 것을 기대한단다. 96%의 사람들은 없는 것, 할 수 없는 것에 계속 집중하기에 배가를 경험하지 못한단다. 성경의 예를 하나 더 이야기 해 줄게." 아빠가 말했다. "왕하 4:1-7에서 한 여자가 빚 때문에 힘든 상황을 경험하는 것을 볼 수 있어. 그녀의 남편이 돈을 빌려서 채권자의 종이 되었고 불행하게도 그가 죽으면서 가족에게 빚을 남겼어. 채권자가 돈을 받으러 와서 과부의 두 아들을 노예로 데려가는 방법으로 빚을 갚게 하겠다고 했단다. 그 여자는 엘리사 선지자에게 도와 달라고 부르짖었어. 선지자가 그 여자에게 바로 물었어. '집에 무엇이 **있느냐?**' 그 여자가 대답했지. '집에 기름 한 병 외에는 아무 것도 **없습니다.**'"

"여기서도 다시보면 여자는 '**없는 것**'에 집중하고 있단다. 엘리사는 그녀에게 뭐가 없는지를 물은 게 아니라 뭐가 '**있는지**'를 물은 거였단다. 기름 한 병은 너무나 불충분한 것이라고 여겼기에 그녀는 기름 한 병을 있는 것으로 여기지도 않았단다. 96%의 사람들도 항상 이렇게 생각한단다. 그들은 자연적, 초자연적인 배가를 모르고 기대도 하지 않는단다. 그러나 4%의 사람에 해당하는 엘리사는 있는 것에 집중하고 배가를 기대했단다."

"엘리사는 그녀에게 최대한 많은 기름 병을 빌려 와서 원래 있던 병의 기름을 빌려 온 병들에 부으라고 했단다. 그렇게 하자 모든 기름 병에 기름을 채우도록 하나님께서 초자연적으로 배가시키시는 것을 그녀는 보게 되었어. 그리고 나서 엘리사는 그녀에게 배가된 기름을 팔아서 남편의 빚을 갚게 하고 가족이 살 충분한 돈이 있게 했단다. 그러니까 이삭아, 여기서 배우게 되는 것은 96%의 사람들은 없는 것과 할 수 없는 것에 집중하는 반면 4%의 사람들은 있는 것과 할 수 있는 것에 집중하고, 그리고 그들이 가진 것을 하나님께서 배가시키실 것을 기대한다는 것이다." 아빠가 그렇게 결론을 내리자 이삭이 말했다. "제 친구들을 보면서 한 가지 더 보게 되는 것은 그 아이들이 항상 스트레스가 많고 뭐든지 할 시간이 없다는 거예요. 전 빌과 수의 부부 관계가 염려가 돼요. 빌은 퇴근 후 저녁시간에 투 잡으로 일을 하느라 집에 있는 시간이 없어요. 제가 빌에게 뭘 하자고 초대해도 그 아이는 시간이 없고, 스트레스가 많고 부부 관계에도 압박감이 있는 것 같아요. 아빠, 왜 그렇다고 생각하세요? 제 친구들에 비하면 저와 레이첼의 삶은 쉼이 있고 평안이 있는 것 같아요."

아빠가 다시 말을 시작했다. "이삭아, 배가되는 것에 투자하는 것을 배우지 못할 때 생기는 결과는 온유함이 부족하게 되는 것이란다. 온유함에 대해 내가 배운 것을 설명해줄게. 마 5:5에서 예수님이 말씀하셨어. '<u>온유한 자</u>는 복이 있나니 저희가 땅을 기업으로 받을 것임이요.'

난 전에는 온유함이 겸손함이라고 항상 생각했었어. 그런데 겸손함은 태도인 반면 온유함은 행동이란 걸 알게 되었단다. 겸손함은 내가 그런 사람인 것이고 온유함은 내가 뭘 하느냐의 것이란다.

"Vines 성경 사전[7]에서 배웠는데 온유함은 능력의 열매란다. 예수님은 무능해서가 아니라 자신이 사용할 수 있는 전체 능력의 적은 퍼센트만 사용하

> 온유한 사람은 많은 능력이나 자원이 있지만 그것의 일부만 사용하기로 자발적으로 제한하는 사람이다

기로 자발적으로 제한하셨기 때문에 온유하셨다고 이 사전에 나와 있단다. 그래서 나는 온유함을 '사용할 수 있는 자원이나 능력을 자발적으로 제한해서 사용하는 것'으로 정의 내리게 되었단다. 온유한 사람은 많은 능력이나 자원이 있지만 그것의 일부만 사용하기로 자발적으로 제한하는 사람이란다. 다른 말로 하면 온유한 사람은 삶에 여분이 있게 사는 사람이야."

"내가 이것을 생각하며 깨닫게된 것은 온유함과 빚이 반대라는 사실이다. 온유함이 여분이 있는 것이라면 그 반대는 부정적인 초과분이 있는 것이지. 온유함은 여분의 용량이 있지만 자발적으로 100% 이하를 쓰는 것이지. 그 반대는 어느 정도의 용량이 있는데 자발적으로 그것의 100% 이상을 쓰는 것이지. 이런 선택을 표현해 주는 말이 빚이란다. 그래서 온유함과 빚이 정말 반대라는 걸 나는 알게 되었단다. 성경의 마5:5으로 돌아가면 온유한 자에게 두 가지 일이 일어난다고 예수님은 말씀하셨어. 그들은 복이 있고 땅을 유업으로 받는다는 것이지. 그러면 빚 있는 사람에게는 무슨 일이 일어날까?"

---

[7] Vine, W.E., Unger, Merrill F., White, William Jr., An Expository Dictionary of Biblical Words (Nashville, TN, Thomas Nelson Publishers, 1984), p. 728

아빠가 물었다.

"아마 반대겠죠." 이삭이 말했다. "빚 있는 사람은 복을 받지 못하거나 저주를 받고, 땅을 유업으로 받지 못하거나 잃겠죠."

"바로 그거야!" 아빠가 말했다. "난 이것을 알고 나서 이것이 현대 우리 사회에서는 어떻게 실제적으로 적용되는지 궁금했단다. 작년에 내가 아버지, 그러니까 네 할아버지랑 이야기를 나눴는데 네 할아버지는 여기 미국의 1930년대 대공황 때를 사셨잖아. 1930년 대에 사람들에게 재정적으로 어떤 일이 일어났는지 내가 아버지께 여쭤 보았더니 많은 사람들은 집, 농장, 차, 사업체를 잃었지만 어떤 사람들은 대공황 때 백만장자가 되었다고 하셨단다."

"30년대에 모든 것을 잃은 사람들과 백만 장자가 된 사람들의 차이점이 뭘까 궁금해서 왜, 그리고 어떻게 사람들이 집과 부동산을 잃었는지, 아버지께 여쭤 보았단다. 가장 큰 이유는 빚이 있었던 사람들이 빚을 갚지 못했기 때문이었다고 아버지가 얘기해 주셨단다. 그러고 나니까 은행이 그들의 부동산과 소유물을 압류했고 그것을 경매로 원래 가격보다 훨씬 싼 가격으로 팔았단다. 누가 그것을 샀을 것 같니?" 아빠가 물었다. "아마 빚이 없고 현금 여유분이 조금 있었던 사람들이요." 이삭이 대답했다.

"바로 그랬단다." 아버지가 대답했다. "현금 여유분이 있는 사람을 표현해 주는 용어가 뭐지?"

"**온유한 사람이요!**" 이삭이 흥분해서 소리쳤다. 그에게 깨달음이 왔다. "그러니까 1930년대에 빚을 내서 부동산, 차, 사업체를 사고 빚을 갚지 못했던 사람들은 은행에 그것들을 잃었고, 온유한 사람들은 은행으로부터 그것을 샀다는 말씀이시죠. 그런식으로 빚 있는 사람은 복을 받지 못하고 땅을 잃었고, 온유한 사람은 빚 있는 사람들이 잃었던 땅, 차, 사업체, 집을 정말 유업으로 받았네요."

"바로 그랬단다." 아빠가 대답했다. "아마 이런 이유 때문에 네 친구들은 스트레스를 받고 지쳐 있는 걸 거야. 그들은 온유하지 않고 빚이 많잖아. 배가 되지 않는 것을 얻기 위해 빚을 지면 가난해 지고 노예가 되고 평안이 없어진단다. 마태복음 그 뒤에서 예수님은 우리가 그의 멍에, 그러니까 온유함의 멍에를 매면 우리 영혼이 평안과 안식을 얻을 것이라고 하셨어. 이렇게 말씀하셨지.

마11:28-29
28 수고하고 무거운 짐 진 자들아 다 내게로 오라 내가 너희를 쉬게 하리라
29 나는 마음이 온유하고 겸손하니 나의 멍에를 메고 내게 배우라 그러면 너희 마음이 쉼을 얻으리니.

아빠가 계속했다. "여기서 예수님은 자신의 멍에의 특징을 마음의 온유함과 겸손함으로 말씀하셨단다. 우리가 겸손한 태도와 온유한 삶의 스타일을 가지면 우리의 멍에는 쉽고 짐은 가볍고 우리 영혼이 안식을 얻으리라고 예수님은 말씀하시지. 누군가의 삶이 '쉽고 가벼

운지' 아니면 '어렵고 무거운지' 관찰해 보거나 아니면 그 사람에게 직접 물어봄으로써 그 사람이 누구의 멍에 아래 살고 있는지 알 수 있단다. 누군가의 삶의 멍에가 어렵고 짐이 무거우면 삶의 그 영역에서 그 사람은 온유하지 않고 예수님의 멍에를 매고 있지 않음을 확실히 알 수 있단다."

아빠가 계속했다. "이삭아, 온유함은 재정에만 적용되는 것이 아니라 시간, 관계, 몸의 건강에도 적용될 수 있단다. 난 96%의 사람들의 삶을 많이 관찰해 보았어. 그들은 빚을 지기 시작하고, 그러니까 돈에 있어서 온유하지 않은 것이지. 그리고 나면 그들은 돈을 벌기 위해 두 개, 세 개의 직업을 갖게 되고 그렇게 되면 시간에 있어 온유하지 못하단다. 그러면 아내와 자녀와의 관계에 있어 여유분이 없어지기 시작하지."

"이렇게 살기 시작하면 시간과 돈의 여유분이 없기 때문에 아내와 자녀들에게 한 약속을 자주 어기게 된단다. 그렇게 할 때 마다 그는 관계의 빚을 지는 거란다. 그는 아내에게 어느 정도의 "관계의 빚"은 질 수 있지만 어느 때가 되면 아내는 그가 왜 약속을 지키지 못했는지 변명하는 것이 지겨워질 거야. 그러면서 부부 관계가 안 좋아질 수 있지. 재정, 시간, 관계의 여분이 없기에 압박감과 스트레스가 있고 많은 시간 동안 일하면서 먹는 것도 제대로 안 먹고, 잠도 제대로 못 자고, 결국에는 심각한 건강상의 문제가 생길 수도 있단다. 그렇게 되면 지금도 이미 재정과 시간 여유분이 없어 압박이 있는데,

건강 문제를 해결하기 위해 더 많은 돈과 시간이 필요하게 되지."

"이런 사람은 재정의 빚, 시간의 빚, 관계의 빚, 건강의 빚을 지고 살게 되고 계속 이런 삶의 스타일로 살면 마5:5 은 이 사람이 복을 받지 못하고 부부 관계, 가정, 재정, 시간, 건강의 "땅"을 잃을 것이라고 보장해 주고 있단다. 나는 예수님께서 여기서 어떤 원리를 설명하시는 것이라고 믿는다. 이것은 돈이나 땅에 관한 것만이 아니어서, 우리 삶의 어떤 영역에서든지 온유하지 않고 빚이 있으면 우리는 그 영역에서 "땅"을 잃게 된단다. 그러니까 네 친구들에게 그런 일이 일어나고 있는걸 거야. 그들이 온유하지 않기 때문에 삶의 여러 영역에서 멍에는 어렵고 짐은 무겁단다. 그리고 그런 영역에서 "땅"을 잃을 위험이 있는 거지."

"와!" 이삭이 소리쳤다. "빌과 수에게 제가 이걸 설명해 주면 좋겠어요. 그들에겐 정말 이런 일이 일어나고 있어요. 그들은 항상 돈과 시간의 우선 순위에 대해 논쟁하면서 스트레스 받고 있고, 부부 관계를 잃을 위험이 있어요. 온유함과 배가에 대해 제가 그들에게 설명해 줄 수 있으면 좋겠어요."

세 번째 비결 1 부

배가되는 것에만 투자하라. 가치가 절하될 것을 사기 위해 결코 돈을 빌리지 말고 빌린 돈의 이자보다 훨씬 더 돈을 벌게 해 주거나 가치가 증가되는 것이 아닌 것에 투자하기 위해 결코 돈을 빌리지 말라. 재정 영역에 있어 하나님, 한 주인만 있게 하라. 온유함의 삶을 살고 삶의 중요한 영역에 여분이 있는 삶을 살라.

생각해 보기

1. 당신에게는 재정의 주인이 몇 있는지, 그것이 당신 삶에 어떤 영향을 미치고 있는지 말해 보라.
2. 당신이 빚이 있다면 빚으로 인해 어떤 감정적 압박감이 있었는가? 어떤 느낌인가?
3. 당신이 결혼한 사람이라면 빚으로 인해서 당신과 배우자 사이에 어떻게 싸움과 갈등이 생겼는가?
4. 빚을 제거할 당신의 계획은 무엇인가? 만약에 계획이 없다면 빚 제거를 위한 계획에 도움을 받을 수 있는 어떤 계획을 세우겠는가?
5. 투자해서 배가되었던 경험, 아니면 배가될 가능성이 있었는데 잘 되지 않았던 당신의 경험을 이야기해 보라.
6. 남편 (아니면 아내로서)일과 가족 사이에서 둘 다를 하기 힘들었고 때로는 재정적 압박 때문에 가족에게 했던 약속을 지키지 못 한 때가 있었는지 말해 보라.
7. 어떤 면에서 당신은 없는 것과 할 수 없는 것에 집중했는가? 그리고 이것을 어떻게 변화시킬 수 있을까?
8. 빚을 제거하고 배가되는 것에 투자하기 위해 당신은 이제 무엇을 하겠는가?

CHAPTER 4

배가시키는 사람에게 투자하라

세 번째 비결 : 2 부 - 배가시키는 사람에게 투자하라

세번째 비결의 2부는 우리의 시간과 돈과 에너지를 누구에게 투자하는 지와 관련된 것이다. 96%의 사람들은 친구나 좋은 사람에게 투자하는 경향이 있는 반면, 4%의 사람들은 많은 시간과 돈과 에너지를 배가시킬 잠재력이 있는 사람들에게 의도적으로 투자한다. 4%의 사람들은 시간과 돈과 에너지를 투자할 때 투자 대상의 사람이 배가 시킬 능력이 있는 사람인지 보기 위해서 자격 시험을 사용할 때가 많다. 96%의 사람들은 자격 시험을 사용하지 않고 배가 시키지 않는 사람 아무에게나 시간과 돈, 에너지를 투자한다.

우리가 이 책에서 이야기하는 부의 비결은 모든 사람에게 해당되지만, 이번 과의 이 원리는 사업체, 교회, 단체를 이끌고 성장시키며 발전시키도록 하나님으로부터의 부르심이 있는 리더들에게 특히 더 해당된다. 모든 사람이 다 사업체나 단체를 이끌고 성장시킬 부르심이 있는 것은 아니다. 우리들 많은 사람들은 팀의 구성원으로 있도록 부르심이 있고, 그렇게 함으로 하나님께서 주신 목적을 성취한다.

조직을 성장시키고 싶고, 그렇게 하도록 부르심이 있는 사람은 배가자에게 투자하는 것을 배워야 하고, 조직의 팀원이 되도록 부르심이 있는 사람은 자신이 할 기능을 수행하는 데 더 많은 관심을 가짐으로 팀 전체가 성공하고 성장하고 배가하게 된다.

이삭과 레이첼은 20대 초반에 계속해서 사업을 세워 나갔고 부동산을 통해 재산을 늘려 갔다. 어느날 같은 교회의 자매, 줄리가 레이첼에게 네트워킹 마케팅 사업 기회에 대해 이야기했다. 레이첼과 이삭은 줄리와 함께 아프리카의 영양 실조 어린이들에게 영양제를 가져다 주는 선교 여행을 간 적이 있었다.

여행에서 돌아온 뒤 줄리는 우간다에서 아이들에게 영양 함축 보조제를 공급하는 자선 단체가 미국에서도 판매되는 비슷한 영양 보조제품을 생산하는 회사의 자선 아웃리치 기관임을 알게 되었다. 줄리는 그 회사와 회사 제품, 그리고 돈을 벌 수 있는 사업 기회에 대해 알게 되면서 흥분했다. 레이첼도 이 일에 굉장한 관심을 갖게 되었는데, 레이첼로부터 이 일에 대해 들으면서 이삭은 그렇지는 않았다.

이삭이 말했다. "레이첼, 우리 다단계 판매 발표회에 두세 번 가봤는데 이런 거 다 똑같은 거잖아요. 많은 사람을 동원해서 돈을 벌 수 있다는 전망에 사람들은 흥분하지만, 많은 경우 제품이 뭐 그다지 특별한 가치가 있는 제품이 아니에요."

레이첼이 대답했다. "이삭, 줄리는 이 회사 제품이 정말 특별하고 사람들의 건강에 큰 변화를 주는 제품이라고 확신한다고 해요. 우리가 우간다에서 고아들이 먹는 음식에 이 영양 함축 보조제를 넣었을 때 어떤 변화가 있었는지 기억하죠?."

"응, 기억나요." 이삭은 거기서 봤던 아이들을 기억하며 말했다. "그 아이들 몸에 정말 필요했던 영양분을 공급해줬을 때 그 아이들의 얼굴 색이 달라지는 것을 보는 건 정말 놀라왔어요."

"줄리의 가족과 친구들이 음식에 이 영양 보조제를 첨가했을 때도 비슷한 결과가 있었다고 줄리는 이야기 했어요. 그게 사실이라면, 내가 아는 사람들 중에도 영양 보조제가 필요한 사람들이 있어요. 게다가 우리가 이 사업으로 돈을 벌 수 있다면 우간다 아이들에게 음식만 공급해 주는 것이 아니라 에이즈로 부모를 잃은 우리가 만난 아이들을 위한 고아원을 짓도록 후원할 수 있게 된다면 너무 좋을 것 같아요."

"너무 많은 아이들이 돌봄을 못 받으며 길거리에서 사는 걸 봤을 때 마음이 아팠어요. 이삭, 지금 우리가 '헌금 항아리'에 넣는 것 보다 더 돈을 넣을 수가 없잖아요. 줄리가 내게 이 이야기를 하고 난 이후로 나는 이 사업이 우리가 본 노숙자 아이들을 위해 무언가를 할 수 있게 해 줄 추가적인 하나님의 공급의 통로가 될 수 있다고 영으로 느꼈어요. 우리도 제품을 두 달 정도 사용해 보고 제품에 대해 잘 알아 본 후, 줄리가 하는 사업 코치 프리젠테이션에 참석해 보는 건 어떨까요?"

"음, 좋아요." 이삭이 미소 지으며 대답했다. "아주 안 좋은 경우, 사기라면 더 참여 안 하겠다고 하면 되겠지, 뭐."

그래서 레이첼은 영양제 제품을 좀 구입했고 이삭은 그 회사와 제품과 사업 계획에 대해 리서치를 했다. 리서치를 해보고 제품을 두 달 사용해 보고 나서 이삭은 이것이 고유한 좋은 제품이고, 합법적인 사업체라는 확신이 생겼다. 이삭은 다른 사업에 투자할 시간이 별로 없었기 때문에 레이첼이 이 사업을 시작하고 세워가도록 이삭은 기쁜 마음으로 레이첼을 도왔다.

이삭이 레이첼에게 말했다. "그런데, 당신이 이 사업에 뛰어들기 전에 아버지의 조언을 좀 들었으면 좋겠어요." 레이첼도 동의해서 이삭은 아버지와 식사를 하며 레이첼의 새 사업 아이디어에 대해 이야기하기로 약속을 잡았다. 이삭과 레이첼은 어머니가 준비한 맛있는 저녁을 먹고 거실로 자리를 옮겼다. 자리에 앉자 이삭과 레이첼은 조사했던 네트워크 마케팅 사업에 대한 정보와 제품에 대해 경험한 것을 아빠에게 쭉 설명했다. 또한 레이첼은 사업을 해서 돈을 더 벌면 우간다에 고아원을 짓고 싶다는 비전도 아버지께 나누었다.

"아빠, 우리 투자 항아리의 돈 약간과 시간을 써서 레이첼이 이 사업을 하는 것이 좋은 아이디어라고 생각하세요?" 이삭이 물었다.

"저는 그 일을 할 시간이 없지만 레이첼은 이 회사 제품으로 사람들 건강에 유익을 주고 싶은 열정이 있고 시간도 있어요." 이삭이 말했다. 아빠가 잠시 잠잠히 있다가 말을 시작했다. "이삭아, 정말 제대로 된 제품을 가진 합법적인 네트워킹 회사가 있고, 진짜 제품은 없으면서 많은 사람 주머니에서 몇 사람 주머니로 돈을 옮기는 그런 회사도 있단다. 네가 나누는 말을 들어 보니까 이 회사는 합법적인 고유한 제품을 합법적인 판매 조직으로 판매하고 있고, 경영 계획도 있는 회사인 것 같구나. 이것이 사실이고, 레이첼이 이 사업을 하도록 하나님께서 부르신다고 느낀다면 레이첼의 사업을 성공하게 해줄 요인 중 결핍된 것 단 한 가지가 있구나. 사업을 세워나가는 것을 도와줄 레이첼이 투자할 사람들이 필요하단다. 4%의 사람들의 비결 하나 더를 너희에게 나누고 싶구나."

아빠가 말했다. "4%의 사람들은 배가되는 것에만 투자한다고 말했던 것 기억하지?"

"네" 이삭이 대답하자 아빠가 더 말했다. "4%의 사람들은 배가시키거나 아니면 적어도 배가시킬 잠재력이 있는 사람에게만 투자하고, 96%의 사람들은 시간, 돈, 에너지 대부분을 전혀 배가시키지 않는 사람들에게 투자한단다. 레이첼아, 사업에서 그리고 하나님 나라에서 큰 사람이 되고 싶니?"

> 하나님 나라에서는 가장 많은 사람들을 섬기는 사람이 가장 큰 사람이 된다.

"네, 당연히 그래요, 아버지."

"사업에서 큰 사람이 될 수 있는 방법은 예수님께서 말씀하신 하나님 나라에서 큰 사람이 되는 방법과 같은 것이란다. 하나님 나라에서는 가장 많은 사람들을 섬기는 사람이 가장 큰 사람이란다. 네가 시작하려고 생각하는 사업에서 더 많은 사람을 섬길 방법을 찾으면 너는 더 많은 돈을 벌게 될 것이다. 가장 많은 사람을 섬기는 사람이 가장 성공한 사람이 된단다. 예수님은 이렇게 말씀하셨어." 아빠가 성경 프로그램을 열어서 읽어 주었다.

마 20:25-28

25 예수께서 제자들을 불러다가 가라사대 이방인의 집권자들이 저희를 임의로 주관하고 그 대인들이 저희에게 권세를 부리는 줄을 너희가 알거니와
26 너희 중에는 그렇지 아니하니 너희 중에 누구든지 크고자 하는 자는 너희를 섬기는 자가 되고
27 너희 중에 누구든지 으뜸이 되고자 하는 자는 너희 종이 되어야 하리라
28 인자가 온 것은 섬김을 받으려 함이 아니라 도리어 섬기려 하고 자기 목숨을 많은 사람의 대속물로 주려 함이니라.

아빠가 계속했다. "더 많은 사람을 섬기게 될수록 너는 하나님 나라와 사업에서 더 성공하게 될 것이다. 이 본문에서 예수님은 다른 어떤 것보다 태도에 대해 더 말씀하셨단다. 한 가지 태도는 내 성공

을 위해 다른 사람을 이용하는 것이 아니라 다른 사람을 축복하고 성공하게 해 주려는 섬기는 자의 태도지. 이 태도를 가지고 네 네트워크 마케팅 사업을 시작하면 넌 자연스럽게 성공할 것이고 하나님께서 너를 초자연적인 방법으로 성공하게 하실 거야."

"그러면 더 많은 사람을 섬기기 위해서 어떤 사람을 찾아내야 할지를 알려 주는 또 다른 원리를 너희에게 보여 주고 싶구나."

딤후 2:2

2 또 네가 많은 증인 앞에서 내게 들은 바를 충성된 사람들에게 부탁하라 저희가 또 다른 사람들을 가르칠 수 있으리라

"레이첼아, 여기서 바울이 자신의 메시지와 사역을 배가시키고 싶어 하는 것을 볼 수 있단다. 그래서 바울은 시간과 에너지를 아무에게나 투자하려고 하지 않았어. 바울은 그의 훈련생 디모데에게 투자 대상으로 어떤 종류의 사람을 찾아야 할지를 지도해 주고 있단다. 그는 디모데에게 구체적인 두 가지 자격을 갖춘 사람을 찾으라고 말했단다. 첫 번째는 충성된, 그러니까 주어진 임무를 완수할 근면한 사람을 찾아야 된단다."

"하지만 이것이 바울이 디모데에게 찾으라고 한 자격 다는 아니고, 자신이 배운 가르침을 다른 사람들 안에서 배가시킬 그런 사람을 찾으라고 했단다. 그러니까 바울은 자신을 넘어서서 적어도 3 세대의 배가를 추구했어. 바울은 이 두 가지 자격을 갖춘 디모데를 발견했고, 또 디모데에게도 다른 사람의 삶에서 배가시킬 수 있는 그런 사람을 찾으라고 가르쳤단다."

아빠가 계속했다. "알겠니? 충성스럽지만 배가시키는 능력이 없는 사람도 많이 있단다. 대부분의 사람들은 충성된 사람만 찾지, 배가시키는 자질은 전혀 고려하지 않는단다. 나는 많은 사업가, 목회자, 단체 리더들이 착하고 성실하지만 배가시킬 전문성이나 역량이 없는 사람들에게 많은 시간과 에너지를 투자하는 걸 봤단다. 그래서 생기는 결과는 성장이 없다는 것이지. 그래서 바울은 디모데에게 충성되고 적어도 2세대에 배가시킬 수 있는 사람을 찾아 투자하라고 가르쳤단다."

"무슨 말인지 충분히 알겠어요." 이삭이 말했다. "이 원리가 제 모든 사업에도 적용된다는 것이 이해가 되요."

"충성된 배가자에게 투자한다는 원리 알겠어요." 레이첼도 말했다. "그런데 배가시키는 사람이 아니라고 해서 놓아버리는 건 좀 무정한 것 같아요. 생산적인 배가자가 아닌 사람에게는 우리의 시간, 에너지, 돈을 주면 안 된다고 말씀하시는 것 같아요. 그러면 모든 삶을, 모든 시간과 에너지와 돈을 가난하고 비생산적인 -배가하지 않는 사람들에게 준 테레사 수녀 같은 분은 어떻게 되는 건가요? 그것은 돈, 시간, 에너지를 가치 있게 사용한 것이 아닌가요?"

"레이첼, 좋은 질문이다." 아빠가 대답했다. "테레사 수녀의 삶은 아주 가치 있고 훌륭한 삶이었다고 나는 믿는다. 그런데 네가 말한 대로 테레사 수녀가 모든 시간을 가난하고 비생산적인, 배가하지 않는 사람들과만 보냈는지는 모르겠어. 인도 캘커타에서 테레사 수녀가 그랬던 것처럼 세계 여러 곳에서 가난한 사람에게 삶을 내어 주는 수녀나 선교사들이 몇 명 정도 있다고 생각하니?"

"모르겠는데요." 레이첼이 대답했다.

"아마 수천 명 되리라고 생각하지 않니?" 아빠가 물었다. "네, 그럴 것 같아요." 레이첼이 대답했다. "그러면 왜 테레사 수녀의 사역은 세계적으로 유명 해졌고 같은 일을 하고 있는 다른 많은 사람들은 잘 알려지지 않았을까?"

"전혀 모르겠는데요." 레이첼이 말했다. "여러 이유가 있을 수 있겠지만" 아빠가 계속했다. "테레사 수녀가 세상에서 가장 가난한 많은 사람들을 섬긴 것이 그 한가지 이유라고 나는 믿는다. 테레사 수녀에 대한 자료를 인터넷으로 잠깐 찾아보자."

아빠가 아이패드를 켜서 검색란에 "테레사 수녀"를 입력했다. 첫 번째로 뜨는 글은 위키피디아(Wikipedia)에 나오는 테레사 수녀와 그의 사역에 관한 것이었다.

"여기를 봐라." 아빠가 읽으면서 말했다.

"테레사 수녀 자선 선교 단체는 그녀의 별세 당시 123개 국에서 호스피스 사역, 에이즈와 한센병 환자 사역, 결핵 환자를 위한 집,

숲 키친 사역, 아동 상담과 가정 상담 프로그램, 고아원과 학교를 포함한 610개의 사역을 하고 있었다. 그녀는 1980년 인도 정부가 수여한 바라트 라트나 상, 1979년의 노벨 평화상을 포함한 많은 상을 받았다.[8]"

아빠가 계속했다. "테레사 수녀는 그의 선교 단체를 통해서 무수히 많은 극빈자를 섬겼기 때문에 유명했고 하나님 나라에서 큰 분이었다고 나는 믿는다. 하나님 나라에서 큰 사람이 되고 싶으면 많은 사람을 섬겨야 된다는 예수님의 원리를 기억해 봐라. 테레사 수녀는 어떻게 이것을 했을까?"

아빠가 스스로의 질문에 답하며 말했다. "더 많은 사람을 섬기려면 테레사 수녀 혼자서는 이것을 다 할 수가 없다는 것을 그녀는 어느 순간에 깨달았을 거야. 즉 다른 사람들을 통해서 자신의 사역을 배가시켜야 된다는 것을 깨달았던거지. 그녀 주변에 있던 가난한 사람들에게만 시간과 에너지를 계속해서 다 썼다면 그녀의 섬김을 받는 대상이 아주 제한되었을 것이다. 그래서 테레사 수녀는 사람들을 양성하고 훈련하고 풀어주고 양육하는 데 시간과 에너지를 정기적으로 쓰기 시작해서 그 사람들도 가난한 사람들에게 사역하게 되었

---

8) Wikipedia, http://en.wikipedia.org/wiki/Mother_Teresa

단다. 그녀가 리더, 배가자, 배가자의 배가자를 훈련시켰기 때문에 123개국에서의 610개의 선교 기관을 통해 수 백만 명의 가난한 사람들을 섬길 수 있게 된 것이지."

"와! 정말 놀라워요, 아버지!" 레이첼이 소리쳤다. "전 테레사 수녀님을 배가자에게 투자한 사람으로 생각해 본 적이 없었는데, 그런 선교회를 이끌고, 그렇게 많은 수의 가난한 사람들에게 사역하기 위해서는 배가자들에게 투자했음이 분명했겠네요. 테레사 수녀님은 분명히 무정한 분이 아니었어요. 그런데, 대부분의 사람들은 배가자가 아닌데 그럼 그들이 가치 없는 사람들일까요? 마치 배가자들만 가치있고 존중 받을 사람이라고 아버지께서 말씀 하시는 것 같아요."

아빠가 말했다. "레이첼, 배가시키기를 원하고 그렇게 할 능력이 있는 것은 리더의 자질이란다. 모든 사람이 리더나 배가자로서의 부르심이 있는 것은 아니야. 내가 너희에게 이 원리를 가르치는 이유는 이삭과 레이첼 너희 둘 다 리더와 배가자가 되도록 하나님으로부터의 부르심이 있기 때문이란다. 하지만 하나님께서는 열매를 측정할 때 개개인의 열매보다는 팀 전체의 열매 단위로 측정하신다고 나는 믿는다. 테레사 수녀의 팀에 있는 다른 많은 수녀님들은 리더, 배가자가 될 부르심이 있지 않아. 리더만큼 다른 모든 사람도 가치 있는 소중한 사람이고, 추수를 거두는 것은 팀 전체의 성과란다. 스포츠 팀에는 리더와

> 배가시키기를 원하고 그렇게 할 능력이 있는 것이 리더의 자질이다

유명한 스타 선수들이 있지만, 다른 팀원들이 기능을 하지 않으면 팀이 승리하지 못하고 그러면 리더도 별 성과를 내지 못 하겠지."

아빠가 계속했다. "하지만 레이첼. 네가 사업체를 세울 부르심이 있으면 리더십의 기술을 배워야 하고, 배가자들을 양성하고 훈련시키고 풀어주고 양육하는 방법을 배워야 한단다. 만약에 네가 배가시키지 않는 사람에게 시간을 다 쓴다면 나는 네가 리더로서 사업을 성장시키는 노력을 안 하는 것으로 생각할거야. 그러면 너는 리더가 되기보다는 다른 사람의 사업체에서 팀 구성원으로 일하는 것이 훨씬 더 나을 것이다. 하지만 그것은 네 부르심이 아니라고 믿는다. 하나님께서는 네가 리더가 되고 배가자가 되도록 너를 부르셨고 이제까지 훈련시키셨다고 나는 믿는다."

"아버지, 저도 동의해요." 레이첼이 말했다. "제 사업에서 리더로서 이끌고 배가시키는 것을 배울 것이 정말 기대돼요. 리더가 아니고 배가자가 아닌 사람을 무가치하게 여기거나 무시하면 안 된다는 것을 알지만 조직을 성장시키기 위해서는 리더는 배가자에게 집중해야 되고, 그렇지 않으면 사업이 성장하지 못하겠네요."

"바로 그거란다. 레이첼, 너는 참 빨리 배우는구나." 아빠가 말했다.

그러면 아버지, 한 가지 질문을 더 할게요. 디모데후서 말씀으로 리더는 충성되고 배가시킬 수 있는 사람을 찾아 내야 된다고 가르쳐 주셨잖아요. 그러면 충성되고 배가시킬 수 있는 사람을 어떻게 찾을 수 있을까요?"

아빠는 미소 지으면서 아이패드에서 또 다른 성경 본문을 열었다.
"레이첼아, 간단하게 대답하면 충성되고 배가시키는 능력이 있는 사람인지 보도록 자격 시험을 치게 하는 거란다. 바로 이 질문에 대답해 주기 위해서 예수님께서 하신 눅 19장의 비유를 보여 주마.

눅 19:12-27
12 가라사대 어떤 귀인이 왕위를 받아가지고 오려고 먼 나라로 갈 때에
13 그 종 열을 불러 은 열 므나를 주며 이르되 내가 돌아오기까지 장사하라 하니라
14 그런데 그 백성이 저를 미워하여 사자를 뒤로 보내어 가로되 우리는 이 사람이 우리의 왕 됨을 원치 아니하노이다 하였더라
15 귀인이 왕위를 받아 가지고 돌아와서 은 준 종들의 각각 어떻게 장사한 것을 알고자 하여 저희를 부르니
16 그 첫째가 나아와 가로되 주여 주의 한 므나로 열 므나를 남겼나이다
17 주인이 이르되 잘하였다 착한 종이여 네가 지극히 작은 것에 충성하였으니 열 고을 권세를 차지하라 하고
18 그 둘째가 와서 가로되 주여 주의 한 므나로 다섯 므나를 만들었나이다
19 주인이 그에게도 이르되 너도 다섯 고을을 차지하라 하고
20 또 한 사람이 와서 가로되 주여 보소서 주의 한 므나가 여기 있나이다 내가 수건으로 싸두었었나이다
21 이는 당신이 엄한 사람인 것을 내가 무서워함이라 당신은 두지 않은 것을

취하고 심지 않은 것을 거두나이다

22 주인이 이르되 악한 종아 내가 네 말로 너를 판단하노니 너는 내가 두지 않은 것을 취하고 심지 않은 것을 거두는 엄한 사람인 줄을 알았느냐

23 그러면 어찌하여 내 은을 은행에 두지 아니하였느냐 그리하였으면 내가 와서 그 변리까지 찾았으리라 하고

24 곁에 섰는 자들에게 이르되 그 한 므나를 빼앗아 열 므나 있는 자에게 주라 하니

25 저희가 가로되 주여 저에게 이미 열 므나가 있나이다

26 주인이 가로되 내가 너희에게 말하노니 무릇 있는 자는 받겠고 없는 자는 그 있는 것도 빼앗기리라

27 그리고 나의 왕 됨을 원치 아니하던 저 원수들을 이리로 끌어다가 내 앞에서 죽이라 하였느니라

"이 비유에서 보게 되는 첫 번째 중요한 원리는 주인이 충성되고 배가시킬 수 있는 사람에게 투자하기 원했다는 것이다. 그는 큰 부를 다스릴 권위와 청지기직을 부여하기 위해 사람을 찾고 있었단다. 큰 부를 관리하고 권위를 행사할 사람을 찾으려고 할 때 자격이 되는 사람을 어떻게 찾을 수 있을까? 여러 사람에게 작은 양의 부와 권위를 주어 관리하게 하고 그들이 어떻게 하는지를 관찰해 보면 어떨까? 예수님의 비유에서 주인이 바로 그렇게 한 거란다."

아빠가 계속했다. "이 주인은 새로 지어진 몇 도시를 관리할 권위

를 몇 통치자에게 줄 계획을 하고 있었단다. 도시의 가치는 얼마나 될까? 모르기는 해도 아마 오늘 날 가치로 1조원 정도의 가치가 나갈 것 같다. 충성되고 배가시킬 수 있는 사람을 어떻게 알아 볼 수 있을까? 이 주인은 열 명의 종을 후보로 선택해서 각 종에게 일 므나 (아마 오늘날의 화폐 가치로 1,000만 원 정도)를 주었단다."

"이것이 훨씬 더 큰 책임을 위한 자격 시험이라는 것을 주인은 어느 후보자에게도 말하지 않았어. 그가 돌아 올 때까지 그 므나로 사업을 하라고만 말했지. 그들에게 임무 (일 므나를 배가시킬 임무)를 주고는 그가 돌아와서 후보자들이 한 행동에 대해 책임을 묻겠다고 했지. 주인이 므나를 자격 시험으로 준 것임을 이해한 후보자가 아무도 없었던 것 같다. 열 사람 다 주인이 욕심이 많고 자신의 유익을 위해 므나를 배가시키려고 그들을 이용하는 것이라고 추측했단다."

그리고 아빠가 말했다. "나는 내 사업에서 자격이 되는 사람을 찾기 위해 이와 같은 전략을 자주 사용한단다. 사람들에게 일 므나를 주고 그들이 뭘 하는지를 본단다. 일 므나를 내 용어로 말하면 '책임'이나 '기회'란다. 그리고는 누가 충성되고 배가시킬 수 있는지 본단다. 레이첼아, 새로 시작하는 네 사업에서도 그렇게 하기를 제안한다. 어떻게 할지는 곧 설명하마."

"지금은 이 본문의 이야기를 계속하자. 주인이 돌아와서 종들에게 회계 정리를 하자고 했지."

"이 비유에서 우리가 보는 첫 번째 중요한 원리는 후보자가 자격이 되는지 보는 것이란다. 두 번째로는 후보자에게 일 므나를 줄 때 꼭 책임 기한 날짜를 정해 준다는 것이다. 주인이 돌아 와서 그 므나가 어떻게 되었는지 알려 달라고 했단다. 첫 번째 좋은 일 므나를 열 배로 배가시켜서 주인에게 줄 열 므나가 더 있다고 보고했다. 주인은 이 종을 칭찬했고 그리고는 열 도시를 맡을 권위를 그에게 주었지. 다른 종들과 옆에서 구경하던 사람들의 입이 떡 벌어져서 아마 이렇게 생각했을 것 같다. '도시? 도시를 다스릴 권위? 전에 이런 얘기 안 했잖아. 도시를 다스릴 권위를 주려 했다는 것을 알았다면 나도 더 열심히 일 했을 텐데 말이야.' 당연히 이것이 포인트였단다! 이것이 포인트였지! 주인은 종들이 도시가 달린 문제임을 모르면서 받은 타인의 돈을 가지고 뭘 하는지 보고 싶었단다. 이것이 충성됨의 첫 시험이었지." 아빠가 말했다.

"두 번째 종은 와서 므나를 다섯 배로 배가시켰다고 보고 했단다. 다시 주인이 그 종을 칭찬했고 각각 1 조의 가치가 나가는 다섯 도시를 다스릴 권위를 주었단다."

"세 번째 후보자는 와서 므나를 손수건에 싸 두고 아무 것도 하지 않았다고 보고하며 그대로 돌려 주었단다. 주인에 대한 두려움 때문에 므나를 증가시킬 시도를 하지 않았던 것이지. 이 후보자는 충성과 배가 시키는 두 가지 면에서 다 자격 시험에 불합격했단다. 주인은 그에 대해 노여움을 표현했고 그의 므나를 열 므나 있는 사람에게 주라고 명령했단다." 아빠가 계속했다.

"므나를 받은 열명 중 세 명에 대해서만 우리가 듣게 된다는 것이 흥미롭단다. 다른 일곱 명은 어떻게 된 걸까? 아마 언급할 가치도 없었던 것 같아. 아마 오늘날 상황으로 이야기하면 열명 중 세 명은 므나를 다 써서 주인에게 돌려 줄 것이 없었을 것이고, 다른 네 명은 가진 것을 다 썼을 뿐 아니라 더 빌려서 3 므나의 빚이 있었을 것이다." 아빠가 말했다. "손수건에 므나를 싸 두었던 종에게 주인이 했던 말을 봐서 므나를 다 써 버린 세 종에게 그리고 다 쓰고 빌리기까지 한 네 종에게 주인이 무슨 말을 했을지 상상해 보렴." "아마 별로 좋지 않은 말을 했겠죠." 이삭이 대답했다.

그리고는 레이첼이 요약했다. "그러니까 아버지, 사업체, 교회, 사역 아니면 어느 조직이든지 세워서 성장시키려고 할 때 세 가지를 해야 된다는 것으로 이해했어요.

1) 섬기는 자의 태도를 가지고 내 제품이나 서비스의 유익을 받을 사람들의 행복을 추구하라.
2) 성장시키기 위해서는 **충성**되고 **배가**시킬 수 있는 두 자질을 갖춘 사람을 찾아야 된다.
3) 많은 후보자에게 자격 시험을 치게 해서 배가자를 찾아 내고 충성되고 배가시킬 수 있다고 증명된 사람하고 같이 일 하기로 선택 하라.

맞아요?"

"레이첼, 잘 이해했구나." 아빠가 말했다. 이 비유에서 볼 수 있는 두 가지 원리를 더 말해 줄게. 하겠다고 말은 하지만 실제로는 하지 않는 사람에게는 계속 접근하지 말아라. 후보자를 판단할 때, 그들의 말이나 선한 의도로 판단하지 말고 그들의 행동으로 판단해라. 많은 사람들이 이것 저것을 하고 싶다거나 할 거라고 말 하지만 사실 말한 것을 결코 하지 않는단다. 이들은 배가시키는 사람이 아니라 묻어 버리는 사람이란다. 그들이 아무리 좋은 사람이어도, 친한 친구여도 그들의 므나를 받아서 배가자에게 주어라. 조직을 성장시키려고 할 때 96%의 사람들이 계속해서 하는 실수를 너는 하지 않도록 말이다."

> 후보자의 말이나 선한 의도로 그를 판단하지 말고 행동으로 그를 판단하라.

아빠가 계속했다. "비유에서 보게 되는 두 번째 것은 두 명의 배가자를 찾기 위해 주인은 10명을 채로 거르는 작업을 해야만 되었다는 것이다. 이런 일은 흔한 일이란다. 두 명의 배가자를 찾기 위해 우리는 적어도 10명에게 므나를 주어야 한단다. 많은 사람들이 이것을 깨닫지 못하기 때문에 희망을 걸었던 대부분의 후보자들이 제대로 반응하지 않을 때 낙심한단다. 충성되고 배가시킬 수 있는 사람은 열 명 중 두 명 만 찾을 수 있음을 예상하면, 너의 도전에 반응하지 않는 사람을 볼 때 화가 나거나 낙심하지 않을 것이고, 므나를 배가시킬 기회를 열 명이나 그 이상의 사람들에게 주어 그들을 채로 걸러 내어 진정한 두 명의 배가자를 발견했다는 사실에 오히려 기뻐할 것이다."

"아빠, 너무 감사 드려요." 이삭이 말했다. "이제는 어떻게 배가시킬 사람을 찾아서 투자할 지 알겠어요. 우리가 이미 신뢰하는 그 회사와 그 회사 제품으로 레이첼이 성공적인 네트워크 마케팅 사업을 잘 해 나갈 수 있을 것 같아요."

레이첼의 영양 보조제 사업의 전망에 대해 기대감을 가지고 이삭과 레이첼은 그 날 집으로 돌아 갔다. 집에 와서도 이삭과 레이첼의 대화는 계속되었다. 이삭이 먼저 말했다. "잊어버리기 전에 오늘 저녁에 아버지께 배운 원리를 빨리 기록해 둬요."

"좋은 아이디어에요." 레이첼이 노트북의 워드 프로그램을 열며 말했다. "좋아요. 아버지가 나눠 주신 성경 구절과 원리를 간단한 목록으로 만들게요." 그리고 레이첼이 다음 목록을 만들고 나서 이삭에게 읽어 주었다.

마 20:25-28

1. 섬기는 자의 태도를 가지라. 가장 많은 사람을 섬기는 자가 가장 많이 성공한다.

딤후 2:2

2. 당신의 시간과 돈과 에너지를 다른 사람들도 배가자가 되도록 가르칠 수 있는 배가자에게 투자하라. 배가자 아닌 사람을 무가치하게 여기지 말라. 하지만 성장시키기를 바란다면 당신의 많은 시간을 배가자에게 쓰라.

눅 19:12-27

3. 므나를 줌으로 자격이 되는 배가자를 찾으라. 적어도 10명의 후보자에게 므나를 주고 그들이 받은 므나를 가지고 무엇을 하는지 보라. 2명의 배가자를 찾기 위해 적어도 10명에게 므나를 줄 용의가 있어야 한다.

4. 후보자에게 책임 기간 종료 날짜를 명확히 알려 주고 그 사람이 므나로 무엇을 했는지 그 날짜에 확인하라.

5. 후보자가 므나에 충실하게 행했고 배가시킬 가능성이 보이면 그 사람에게 조금씩 투자하라.

6. 후보자가 므나에 충실하게 행했고 책임 기간 종료일까지 이미 배가시켰다면, 기뻐하고 그 사람에게 크게 투자하라.

7. 후보자가 므나를 묻었고 책임 기간 종료일에 변명만 한다면 그의 므나를 받아서 배가시킨 사람에게 주고, 묻어 버린 사람에게 다시 접근하지 말고 그 사람은 가게 놔두라.

아버지와의 대화를 통해 배운 일곱 요점을 레이첼이 말 할 때 이삭은 들었다. "아주 훌륭해요." 이삭이 말했다. "이 일곱 가지 요점을 따르면 당신의 사업이 성장하리라고 나는 확신해요."

그러자 레이첼이 계속했다. "이제는 내가 새 사업을 시작할 때 사람들에게 어떤 므나를 줘야할 지 이야기 해봐요. 내가 아버지로부터 이해한 바는 므나는 사람들에게 자격 시험으로서 임무나 도전을 주어서 그들의 관심사, 수준, 충성, 배가시키는 능력을 확인해 보는 거죠. 맞아요?"

"응, 맞다고 생각해요." 이삭이 대답했다. "당신이 새로 시작하는 사업의 경우 후보자에게 줄 수 있는 최고의 '므나'는 인터넷상의 제품 프리젠테이션 mp3 동영상이나 회사 홈페이지라고 생각해요. 후보자들에게 홈페이지 주소를 알려주고 어느 날짜까지 인터넷 동영상을 보게 하는 거예요. 그리고 그들이 그것을 봤는지 그 날짜에 점검해서 그들의 관심사나 수준을 보는 거예요."

"아, 딱 좋아요.!" 레이첼이 말했다. "이 새 벤처 사업에 나와 함께 할 관심 있어 할만한 후보자들 목록 만드는 것 좀 도와 주겠어요? 빌하고 수 먼저 넣고 싶어요. 그들의 재정적 압박을 해결하는데 있어 이 일이 정말 해답이 될 지도 몰라요."

"와, 당신 말이 맞는 것 같아요." 이삭이 말했다. "빌하고 수에게 내일 연락해 봐요. 밥하고 짐하고 그 아내들도 초대해야 될 것 같아요. 그 친구 둘 다 아는 사람이 많아서 이런 종류의 사업을 아주 잘 할 것 같아요. 그리고 다른 친구들, 아론, 제이콥, 시몬도 떠오르는데, 당신이 프리젠테이션을 준비하면 내가 그 친구들도 모임에 오도록 초청 할게요."

"좋아요." 레이첼이 말했다. "전 샌디, 린다, 캐씨, 사라, 지바, 그리고 한나도 생각나요." 레이첼도 말했다.

다음날 아침까지 이삭과 레이첼은 레이첼의 새 벤처 사업에 관심을 가질 만한 사람들 이름을 목록에 더 추가했다. 그 다음주에 이삭과 레이첼은 그들에게 연락해서 레이첼의 새 사업에 관해 간단하게 나누었다. 이삭은 사실 그 사업에 대해 잘 몰랐기 때문에 레이첼이 그들에게 더 설명하게 했다. 레이첼은 그들에게 20분짜리 인터넷 동영상 프리젠테이션을 보는 데 시간을 투자하겠냐고 물었다. 모든 사람이 그렇게 하겠다고 동의했고 어느 날짜까지 그 임무를 완수할 수 있는 지의 책임기간 종료일을 레이첼에게 말했다. 당연히 어느 누구도 이것이 레이첼의 므나 자격 시험이라는 것을 몰랐다.

이삭과 레이첼이 아론과 이야기 하고 나서 3일 뒤, 밤 9시 30분쯤 이삭의 휴대폰이 울렸다. 아론이 흥분해서 말했다. "안녕, 이삭, 너무 늦게 전화한 거 아닌가 모르겠네.."

"아니, 아니, 전혀 아니야, 아론." 이삭이 대답했다. "무슨 일이야?"

아론이 말했다. "레이첼이 이틀 전에 내게 보라고 했던 인터넷 동영상 봤어. 너무 좋고 기대돼. 내가 아는 다른 사람들은 어떻게 생각하나 궁금해서 어제, 그저께 내 친구 열 명에게 동영상을 보도록 했는데, 내 친구들도 나처럼 좋아하면서 함께 참여해 사업을 시작하기로 했어. 나하고 내 친구들하고 모임을 최대한 빨리 잡아서 좀 더 설명을 듣고, 등록해서 첫 제품을 받아 일을 시작할 수 있는지 물어 보려고 전화했어."

이삭은 놀라서 말을 제대로 못했다. "레이첼에게 얘기할게. 레이첼 친구 줄리가 그 모임을 조직할 수 있을 것 같아."

"그래, 좋아." 아론이 말했다. "그런데 다음 주 월요일 전에 해야 돼. 월요일에 내가 마이에미에 가는데 거기에도 이 사업을 소개해주고 싶은 사람들이 많이 있거든. 여기 있는 사람들 먼저 시작하게 하고, 그리고 나서 다음 주에 마이에미에 있는 사람들도 어떻게 등록시킬지 알고 싶어. 그러니까 모임을 이번 주에 최대한 빨리 해야 돼."

"그래" 이삭이 말했다. "레이첼에게 얘기 할게. 레이첼이 줄리랑 연락해서 내일 네게 연락하도록 할게."

전화를 끊으며 이삭은 아직도 아론의 흥분된 반응에 놀라면서 레이첼을 향해 소리쳤다. "아론이 친구 열 명에게 벌써 동영상을 보게 했다고 얘기하는 것 들었죠?" "너무 놀라워요!" 레이첼이 말했다. "열 배로 배가시키는 첫 사람이 벌써 있는 것 같아요. 아론의 책임 기간 종료일은 아직 4일이나 남았는데요."

다음날 저녁 이삭이 집에 돌아 왔을 때 레이첼이 흥분된 상태로 문에서 이삭을 맞으며 소리쳤다. "오늘 무슨 일이 있었는지 알아요?"

"무슨 일?" 이삭이 물었다.

"지바가 오늘 오후에 제게 전화해서 동영상을 벌써 봤고, 친구 다섯 명에게도 얘기했대요. 다섯 명 다 감동 받아서 저를 만나서 정보를 더 얻고 싶어 해요. 줄리에게 바로 전화했더니 줄리가 토요일 저녁에 우리 모두랑 다 만날 수 있을 것 같아요."

"와! 너무 잘 되었네. 계속 이렇게 되면 당신이 회사에서 초고속 성장 기록을 깨겠어요! 아론에게 전화해서 친구 열 명 토요일 저녁 모임에 데려 오라고 알렸어요?"

"아니, 아직 안 했어요." 레이첼이 대답했다. "오늘 저녁에 전화하려구요."

레이첼은 아론과 지바처럼 그런 소식을 가지고 전화해 주는 사람들이 더 있기를 바랬다. 하지만 다른 사람들은 아무도 전화를 하지 않았다. 레이첼은 동영상을 보도록 초청한 각 친구들에게 책임 기간 종료 날짜에 전화를 했다. 여러 명은 그것을 잊어 버렸고 그 다음주에 보겠다고 말했다. 세 명은 보았지만 별 관심이 없다고 했다. 빌과 수는 동영상을 보았고 관심 있다고 했다. 밥과 그의 아내도 동영상을 봤고 정보가 더 필요하다고 했다. 이 두 부부도 토요일 저녁 줄리가 인도하는 모임에 참석하겠다고 했다. 제임스와 그의 아내도 동영상을 봤고 토요일 모임에 오기로 했다.

토요일이 되자 아론과 지바는 흥분된 상태로 친구들을 데리고 나타났다. 빌과 수와 밥과 그의 아내는 왔는데 제임스와 그의 아내는 오지 않았다. 모임에 참석하겠다고 했던 여러 사람이 오지 않았다. 그런 사람들 때문에 레이첼은 좀 실망하긴 했지만 모임에 초청한 것도 누가 반응할 지 보는 자격 시험(므나)임을 알았기에 낙심하지는 않았다. 그 모임의 결과로 아론과 지바, 그들의 그룹들은 총알같이 바로 일을 시작했다. 이삭과 레이첼은 자격 시험을 치게 해서 배가자에게 시간과 에너지를 투자할 목적으로 새로운 사람들에게 계속해서 므나를 주었다. 그 첫 모임에 참석했던 시몬도 므나의 비전을 갖게 되었고, 시몬도 배가자들을 찾기 위해 사람들에게 자격 시험을 제공하기 시작했고 시간이 지나면서 배가자를 찾게 되어서 그의 사업도 힘을 얻기 시작했다. 제임스와 그의 아내는 초기 제품을 구입할 돈이 없어서 사업에 참여하지 않았다. 빌과 수는 등록해서 초기 제품을 샀다. 그들은 첫 모임을 마치고 가면서 그들이 아는 사람들 중 이 새 사업에 관심 있어할 만한 사람들을 생각하며 흥분했다. 그러나 빌과 수는 사람들에게 자격 시험을 치게 해서 배가자를 찾는다는 비전은 갖지 못했다. 그 결과로 빌과 수는 무수히 많은 사람들에게 이 인터넷 동영상을 보라고 격려했고, 동영상을 보지 않은 것에 대해 변명하는 사람의 자격을 박탈하지 않고 같은 사람들에게 계속 연락을 취했다. 그들은 친구 몇 명은 등록시켰지만 배가자는 결코 찾지 못했다. 그 결과로 빌과 수는 자신의 제품을 살 만큼의 돈도 벌지 못해서 아홉 달을 노력한 끝에 포기했고 그들 자신이 쓸 제품 주문도 중단했다.

이삭은 빌과 수의 수입이 많이 증가되어 그들이 겪던 재정 압박이 없어지기를 바랐기 때문에 그들이 사업을 성장시키는 데 실패하는 것을 보니 마음이 아팠다. 레이첼도 수에게 계속 연락하고 그녀의 사업을 세우도록 돕고 싶은 유혹이 있었지만 결국에는 레이첼과 이삭 둘 다 빌과 수는 배가의 개념을 이해할 준비가 안 되었다는 것을 깨달았다. 그들과 아무리 시간을 많이 보내도 이 부분에는 도움이 되지 않았다.

그 후 2년간 이삭의 도움을 받아 레이첼의 영양 보조제 판매 사업은 여섯 자리의 소득을 창출하도록 성장했다. 이 소득의 90%를 헌금 항아리에 넣어서 우간다에 고아원 두 개를 짓고 운영하게 되어 레이첼은 기뻤다.

이삭과 레이첼은 일년에 두 번씩 아프리카를 방문해서 이 일을 하기 시작했다. 그 동안에 이삭의 금융 회사, 세차장 사업, 부동산 사업은 계속해서 성장했다. 그 결과로 이삭과 레이첼은 아프리카의 영양실조 어린이들과 고아원을 후원하고, 가계의 축복을 훈련하는 미국 선교 단체를 후원하도록 '헌금 항아리'에 넣을 돈을 계속 늘려 나갔다. 그리고 고아원을 후원할 뿐 아니라 십 대 청소년들에게 돈을 관리하고 투자하는 것을 가르치는 지역 자선 선교단체를 만들 기금도 지원했다. 이삭이 성장할 때 아버지로부터 배운 비결을 청소년들이 배우는 것을 보는 것이 그들에게는 큰 기쁨이었다.

일년 반 뒤 목사님이 이삭에게 교회 내의 가정 셀 그룹을 성장시키는 일을 좀 도와주겠냐고 물었다. 이삭과 레이첼이 이것에 대해 기도했을 때 그들은 하나님께서 그들이 이 일을 하기 원하신다고 느꼈다. 이삭은 이 사역을 시작하기 위해 교회 내의 다섯 부부를 뽑았다. 사업을 성장시키는 비결이 교회나 단체의 성장에도 똑같이 적용된다는 것을 아빠가 가르쳐 주셨던 것을 기억하면서 이삭은 가정 셀 사역을 시작하고 성장시키기 위해서는 배가자를 찾고 그들에게 투자해야 함을 알았다.

그래서 그는 100쌍의 부부에게 일 므나를 주기로 했다. 이삭은 토요일 아침 일곱 시에 열리는 셀 사역을 위한 기도회에 100쌍의 부부를 초대 했는데 20쌍의 부부만 왔다. 므나를 통해서 이삭과 레이첼은 자원하는 마음이 있고 충성된 부부를 찾아 내기 시작했다. 이삭은 이 20쌍의 부부에게 다음 주 토요일 아침 7시에 있는 기도회에 최소 다섯 쌍의 부부를 초대해서 데려오라고 했다. 그 다음 주에 스무 쌍 중 열 다섯 쌍이 왔는데 여덟 쌍 만이 다른 사람들에게 함께 참여하자고 동기 부여를 해서 오게 했다. 이제 이삭은 이 여덟 부부가 충성되고 배가시킬 수 있는 사람이라는 것을 알게 되었다.

이삭과 레이첼은 이 여덟 쌍의 부부를 리더로, 다른 사람들은 돕는 자로 해서 가정 셀 사역을 시작했다. 이삭은 이 부부들에게 마20장, 딤후2장, 눅19장에 나오는 아버지가 가르쳐 준 충성된 자를 찾고 그들에게 투자하는 원리를 가르쳤다. 교회 내에서 셀 사역이 배가되고 열매 맺으며 성공하기 시작했다. 이삭의 리더십 아래 이 사역은 계속 배가했고 그것이 몇 년간의 교회 성장에 있어 주요 요인이 되었다.

이삭과 레이첼이 영적으로, 관계적으로, 재정적으로 계속 번창하는데 반해 빌과 수는 매달 생활하기에도 재정적으로 힘들었다. 이로 인해 그들 부부 관계에도 그리고 자녀들과의 관계에도 압박감이 생겼다. 그들은 기도하거나 영적인 삶을 추구할 시간이 거의 없었다. 이제까지 이 부부는 배가하는 것에 투자하는 것과 배가자를 찾아 그들에게 투자하는 것을 배우지 못했다. 이삭은 아버지가 가르쳐 준 4%의 사람들의 비결을 빌에게 나누려고 20대 초반에 많이 시도했었다. 그런데 어찌된 일인지 이 원리가 빌에게는 뿌리를 내리지 못해서 그의 영적, 가정적, 재정적 삶에 있어서 실제적인 변화가 없었다. 이삭과 레이첼은 빌과 수, 그리고 그 가족을 위해 많은 시간 동안 기도했다.

세 번째 비결 2 부

충성된 배가자에게 돈, 시간, 에너지를 투자하라. 충성된 배가자를 찾아 내기 위해서 구체적인 자격 시험(므나)을 주라. 그리고 충성된 배가자에게 투자하고, 주어진 기회에 반응하지 않거나 시험에 불합격한 사람에게는 시간, 돈, 에너지를 투자하지 말라.

생각해 보기

1. 당신 삶의 어느 영역에서 리더가 될 부르심이 있고 어느 영역에서 다른 사람이 리더인 팀의 구성원이 될 부르심이 있는가?
2. 당신 삶이나 사업(일) 어느 영역에서 많은 사람을 섬기는 자가 되는 것을 배웠는가? 그 결과는 무엇이었는가?
3. 다른 사람이 당신에게 준 므나를 충성되게 배가시킨 경험이 있는가? 그 결과는 무엇이었는가?
4. 당신이 배가자에게 투자했던 경험이 있는가? 어떤 결과가 있었는가? 자격 시험을 통해 배가자를 찾아내고 훈련하고 풀어주고 양육하는데 있어 당신은 어떤 전략을 사용했는가?
5. 가정에서 자녀에게 아니면 사업(일)에서 어떤 자격 시험(므나)을 사용해 왔는가? 그 결과는 무엇이었는가?
6. 당신의 삶, 사업, 사역 어느 영역에서 배가자에게 투자하도록 부르심이 있는가? 그리고 그렇게 하기 위한 당신의 계획은 무엇인가?
7. 당신이 투자해야 된다고 부르심이 느껴지는 영역에서 배가자에게 투자 한다면 당신의 삶, 사업, 사역이 어떻게 달라지겠는가?

Five Wealth Secrets 96% of us Don't Know

CHAPTER 5
경제 사이클을 예상하라

4%의 사람들이 실천하고 자녀들에게 가르치는 네 번째 비결은 경제 사이클을 이해하고 예상하고 준비한다는 것이다. 96%의 사람들은 경제가 과거 그대로 미래에도 똑같이 계속될 것이고, 경제의 흐름이 직선 모양이라고 생각하는 경향이 있는 반면, 4%의 사람들은 모든 경제가 사이클로 팽창, 수축한다고 이해한다. 그래서 4%의 사람들은 경제가 새로운 단계로 들어갈 때 미래는 과거와 아주 달라질 수 있음을 이해한다. 과거에 효과가 있었던 금융 전략이 미래에는 효과가 없을 수도 있기에 경제 사이클의 새 단계에 일어나는 변동에 맞추어 전략을 조정해야 한다. 96%의 사람들은 경제가 성장할 때만 성공할 줄

> 4%의 사람들은 경제가 성장할 때와 하강할 때 심지어는 경제 공황 때에도 성공하는 법을 안다.

알지만 4% 사람들은 경제가 성장할 때와 하강할 때 심지어는 경제 공황 때에도 성공하는 법을 안다.

이삭은 20 대에 계속해서 세를 내주는 부동산을 늘려 나가서 재산을 늘렸고 다른 여러 사업도 성장시켜 나갔다. 동시에 레이첼은 이삭의 외조를 받아 영양 보조제 판매 사업을 성장시켜서 그 회사에서 최다 판매 50인 안에 들게 되었다. 1977년생인 이삭과 레이첼은 2007 년에 서른 살이 되었다.

2007년 늦은 가을 어느 날 아버지가 이삭에게 전화를 해서 말했다. "이삭아, 내가 최근에 많이 생각했던 것에 대해 너와 이야기를 나누고 싶구나. 이번 주말에 같이 저녁 식사 할 수 있겠니?"

"네, 그럼요. 아버지" 이삭이 대답했다.

그 다음 토요일 저녁에 이삭의 어머니가 준비한 맛있는 저녁을 먹고 나서 이삭과 레이첼은 아버지와 함께 거실로 갔다.

"무슨 일이세요, 아빠?" 어머니가 맛있게 내려준 커피를 한 모금 마시며 이삭이 물었다.

"이삭아" 아빠가 말을 시작했다. "내가 요즘 몇 달 동안 과거 미국 주식 시장의 차트를 연구해 봤단다. 그리고 매일 성경 읽기를 하면서, 하나님께서 고대 이스라엘에게 레25장에 기록된 희년을 50년 마다 실천하라고 하신 것도 보게 되었어. 본론을 말하자면 미국과 그리고 아마 세계가 곧 굉장한 경제 침체를 경험하게 될 것 같다. 그래서 너의 현재 사업전략을 좀 재평가 해 볼 필요가 있다고 믿는다."

"정말이요?" 이삭이 소리쳤다. "아버지의 생각을 저희에게 좀 더 설명해 주세요."

아빠가 설명을 시작했다. "내가 방금 언급했던 여러 차트를 연구해 보니까 지난 몇 십 년 동안 사람들, 회사, 그리고 심지어는 주 정부와 지자체까지도 유지 불가능할 정도의 부채가 있음을 보게 되었어. 그래서 이제 곧 디플레이션과 빚 제거가 일어나는 시즌이 올 수밖에 없다고 난 생각한다. 이 일이 몇 년에 걸쳐 일어날텐데 그렇게 되면 주택과 상업용 부동산 가격이 극적으로 떨어질 거란다."

아빠가 계속했다. "레 25장에서 하나님은 이스라엘에게 50년마다 희년을 선포하라고 명령하셨단다. 그 장에서 보니까 희년에는 다음 세 가지 일이 일어나더구나.

1) 모든 빚이 취소된다. 탕감된다.
2) 모든 노예가 자유인이 된다.
3) 모든 소유물은 원래의 소유주에게 돌아간다."

"희년에 대해 나와 있는 레 25장을 공부하면서 나는 하나님께 왜 이스라엘에게 이것을 하라고 명령하셨는지를 질문 했단다. 하나님이 아주 명철하시기 때문에, 어떤 사회에서건 돈을 빌릴 수 있으면 인간 본성 상 사람들은 갚을 수 있는 것 보다 훨씬 더 많은 돈을 빌리는 일이 몇십 년 기간 내로 일어난다는 것을 아셨단다. 거기다가, 빌려 주는 사람들은 욕심 때문에 신용이 없는 사람들에게도 돈을 빌려 준단다. 그 결과로 그 사회는 50년 정도가 되면 더 유지할 수 없을 정도의 빚이 생겨서, 그 빚을 제거할 필요가 있게 된단다. 그렇기 때문에 하나님께서 이스라엘에게 50년마다 국가적으로 빚을 제거하는 희년을 선포하라고 명령하셨단다. 그러니까 희년은 빚을 리셋하는 버튼이었단다."

"네, 그런데 우리 사회 경제처럼 희년, 빚 제거 메커니즘이 없으면 어떻게 되나요?" 이삭이 물었다.

"나도 그것이 궁금했단다." 아빠가 대답했다. "한 사회 경제에서 희년을 계획해서 갖지 않으면 '계획하지 않은 희년'이 일어나게 된다고 난 생각한다. 과거의 시장 차트를 보고 미국과 유럽 경제에 관한 자료들을 읽어 보니까 경제에는 약 70 내지 80년 주기로 심각한 디플레이션의 공황이 온다는 것을 알게 되었어. 이 디플레이션의 공황은 4, 5년 정도만 진행되면서 그 기간 동안 경제가 하락하는데 반해 그 후의 경제는 10년이나 그 이상 동안 성장하지 않고 정체된단다."

아빠가 계속했다. "우리 나라에서 지난번 빚 제거, 희년은 1930년대에 일어났고 그것을 '대공황'이라고 불렀지. 이 일이 있기 70년 전에 미국에는 오하이오 생명 보험회사(Ohio Life Insurance)와 신탁 회사(Trust Company)의 실패가 유발인자가 되어 발생한 '1857년의 공포'(Panic of 1857)가 있었단다. 이 사건은 미국 경제에 있었던 모든 부채를 다 제거해 줄 만큼 크게 하락하는 정도는 아니었기에 단 16년 후인 1873년에 미국 경제는 다시 '긴 공황'('Long Depression.')에 들어 갔단다. 그 시대에 미국이 철도 건설을 위해 심하게 빚을 내어 쓴 것으로 인해 1857년과 1873년의 사건이 일어난 것이지. 이 세 사건 (1857, 1873, 그리고 1929) 모두에서 주식 시장은 극적으로 떨어졌고 부동산과 실물 가격도 바닥으로 떨어졌고, 집을 압류 당한 사람이 허다했으며 실업률은 하늘로 치솟았단다."

"미국에서 있었던 공황에 대한 자료를 읽다 보니까 성경에서 하나님께서 이스라엘에게 자발적으로 실행하라고 하신 희년 때 일어나는 세 가지 일이 똑같이 이 비자발적인 디플레이션 공황 때도 일어났음을 알게 되었단다. 채무를 불 이행한 사람들이 집을 압류 당해서 빚이 제거되고 탕감 받았단다. 지난 150년 간 우리 나라에 실제적인 노예는 없었지만 채권자의 지배를 받고 있는, 빚의 노예인 사람들은 있단다. 이 빚의 노예들은 공황 때 파산 신청을 함으로 자유인이 되지. 집, 차, 부동산을 대출 받아서 샀는데 채무를 불이행하면 이런 재산은 원래 소유주, 보통 은행에게로 돌아간단다. 그래서 요약하면 디플레이션 공황에서는 세 가지 일이 일어 난단다.

1) 채무를 불이행해서 집이 압류 당하고 빚이 제거, 탕감 된다.
2) 파산 신청을 통해 빚의 노예는 자유인이 된다.
3) 압류를 통해 부동산, 소유물은 원래 소유주에게 돌아간다."

이삭의 아버지가 계속했다. "성경적인 희년과 현대 공황의 주요 차이점은 성경적인 희년은 계획하고 공포하고 모든 사람에게 알려서 공평하고 정의롭게 하려했다는 것이다. 몇년 후에 희년이 올 지에 맞추어서 사업 거래를 할 수 있었던 거지. 반면에 현대의 디플레이션 공황은 계획되지 않고 일어나기 때문에 많은 사람이 놀라게 되지. 많은 사람들이 70 내지 80년의 인플레이션 사이클이 곧 끝나리라는 것을 모르기 때문에 사업체, 부동산, 집을 공정하지 않게 잃게 된단다. 70년 동안 계속 상승했던 가격을 5년도 안되는 짧은 기간 동안 다 잃을 것이란 걸 모르기 때문에 경솔한 사람들은 사업체나 부동산을 인플레이션 된 거품 가격으로 사서 자산 가치 대부분을 금방 잃게 되는 거지."

아빠가 얼굴에 약간 염려되는 기색을 보이며 말했다. "이삭, 레이첼아, 연구하고 기도하면서 앞으로 일, 이 년 후에 우리가 디플레이션 공황 사이클에 들어갈 것이란 생각이 들었다. 그리고 지금은 전 세계 경제가 서로 연결되어 있기 때문에 이번에는 부채 위기와 또 그에 따른 디플레이션이 한 나라에만 국한되지 않고, 동시에 여러 나라에 영향을 미치게 될 것이다. 당연히 미국과 유럽에 영향이 오겠지."

이삭이 반응했다. "아빠, 아버지께서 오늘 저희에게 이것에 대해 말씀하신다는 것이 흥미로워요. 오늘 아침 묵상 시간에 저 역대상 12장을 읽으면서 32절을 묵상하며 감동을 받았어요."

이삭이 아이폰의 성경 프로그램을 열어서 읽었다.

대상 12:32
잇사갈 자손 중에서 시세를 알고 이스라엘이 마땅히 행할 것을 아는….

이삭이 계속 말했다. "이 본문을 레이첼에게 나누었고 저희 두 사람도 때를 알고 마땅히 행할 것을 아는 잇사갈의 자손이 되게 해 달라고 오늘 아침에 기도했어요. 지금 아버지께서 우리에게 이 정보를 나누고 계시니 이것이 바로 오늘 우리가 한 기도에 대한 구체적인 응답이라는 생각이 들어요. 아버지께서 말씀하시는 것이 사실이고, 80년간 계속 가격이 오르며 인플레이션 되었는데 이제 거의 1 세기에 한번 올 디플레이션 공황에 들어간다면, 그건 정말 알아야 할 중요한 정보일거예요. 그러면, 앞으로 오게 될 이 비자발적인 희년에 대해 하나님께서 아빠에게 무엇을 보여 주셨나요? 그리고 우리는 실제적으로 무엇을 해야 될까요?" 이삭이 물었다.

> 많은 사람들은 지난 50년간 경제에 있었던 일이 앞으로도 변함없이 그대로 계속될 것이라고 생각한다.

아빠가 말했다. "내가 깨닫게 된 두 번째 것은 대부분의 사람들은 직선으로 사고하는 사람들이라는 것이다. 대부분의 사람들은 경제가 일직선으로 진행된다고 믿는데, 실제로 경제는 사이클로 진행된단다. 대부분의 사람들이 이 부분에서 실패하는 이유는 사이클의 전체 기간이 그들

평생의 삶의 시간보다 길기 때문이란다. 그렇기 때문에 많은 사람들은 지난 50년간 경제에 있었던 일이 앞으로도 변함없이 그대로 계속될 것이라고 생각하지. 1930년대의 공황 때 살지 않았던 사람은 이제 우리가 부채 제거 사이클을 경험하리라는 것을 믿기가 어려울 것이다."

"50년 이상 우리는 계속적인 가격 인플레이션을 경험했기 때문에 재정 자문가 조차 고객에게 50년 간의 차트를 보여 주며 과거의 경향이 미래에도 그대로 계속될 것이라고 믿게 한단다. 하지만 내 의견은 그것이 잘못된 50년이라는 것이다. 1957년부터 2007 년의 50년은 부채 제거 사이클을 포함하지 않고 있단다. 1900년부터 1950년까지의 데이터는 사이클에 부채 리셋 부분을 포함하고 있기 때문에 완전히 다른 상황을 보여 주는 데이타지. 나는 우리가 이제 다시 부채 제거 사이클에 들어가게 되고 그래서 굉장한 디플레이션이 발생하고 부동산 가격과 실물 가격이 크게 떨어지게 되리라고 믿는다. 앞으로 12 내지 18개월 동안에 다우 존스 평균가가 1929년에 49% 떨어진 만큼 적어도 그만큼 떨어진다 해도 난 놀라지 않을 것이다."

"내가 내리는 결론을 확인시켜 주는 차트 몇 개를 보여 줄게. 다우 존스 산업 평균가는 미국 주식 시장 전체를 보여주는 좋은 측정 기준이지. 여기 보이는 대로 1940년대부터 1980년대까지는 천천히 계속 올라가는 커브였어. 그리고 1980년대에는 커브가 급경사로 올라갔고 그리고 1990년 대에는 뾰족뾰족한 각으로 올라가기 시작했어. 2001년 911 위기 때 떨어져서 2002년까지 계속되었고, 2000년대에 현재까지 가파르게 상승하는 걸 볼 수 있단다."

"1927년부터1933년까지를 보여 주는 두 번째 차트를 보면 "포효하는 1920 년대(Roaring 20's)" 동안에 비슷하게 상승하는 커브를 볼 수 있단다. 이 경제의 상승세는 대공황, 부채 리셋 사이클의 시작을 알리는 신호탄이 되었던 1929년 주식 시장의 하락으로 인해 확 달라졌단다. 1920년대의 가파르게 상승하던 차트가 2000년대의 지금 차트와 아주 비슷하다고 나는 생각한다. 나는 경제가 올라가기만 하는 일직선으로가 아니라 올라갔다 내려갔다 하는 사이클로 움직인다고 믿기 때문에, 2007년 말 현재의 커브의 최고점이 1929년 가을의 커브의 최고점과 일치하는 것이 아닌가 생각한다."

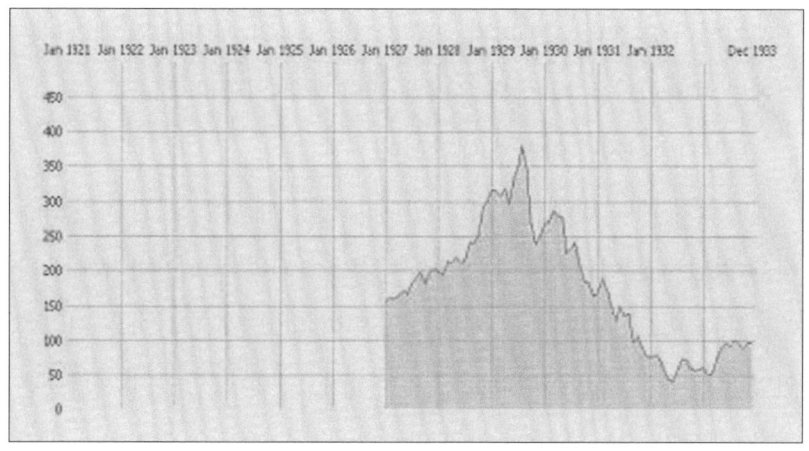

http://moneycentral.msn.com/

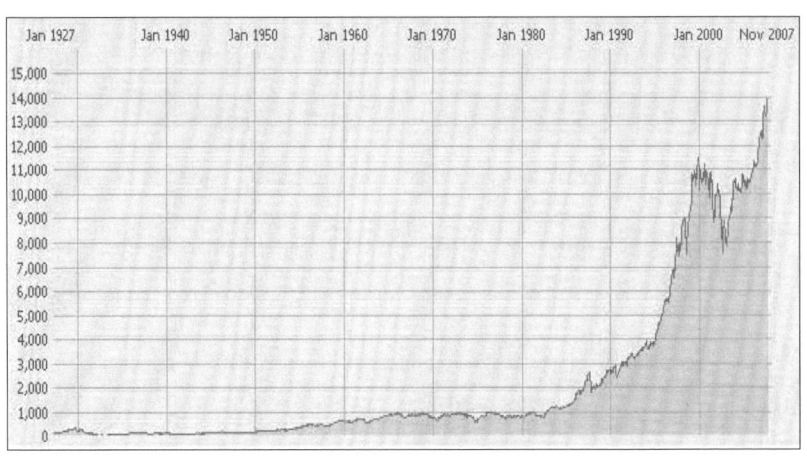

http://moneycentral.msn.com/

"와, 아빠." 이삭이 소리쳤고 레이첼도 같은 마음으로 고개를 끄덕였다. "그것 참 놀라와요. 저 지금 백만 가지 질문으로 머리가 막 돌아가고 있어요."

레이첼이 말했다. "아버지, 몇년 전에 4%의 부자들은 배가되는 것에만 투자한다는 데 대해 우리가 했던 대화 기억나세요?"

"그럼 기억하지." 아빠가 대답했다.

레이첼이 계속 말했다. "1930년대 대공황 때 많은 사람들은 모든 것을 잃었지만 어떤 사람들은 백만 장자가 되었다고 아버지께서 말씀 해주셨어요. 부자가 된 사람들은 빚이 없고 약간의 여유 현금이 있었던 온유한 사람이었다고 말씀하셨어요. 빚이 있었던 사람들은 농장, 부동산, 집, 사업체, 차를 압류당해서 그것들을 잃었지만 약간의 현금 여유분이 있었던 온유한 사람들은 이것을 은행으로부터 아주 싼 가격에 샀다고 하셨어요. 경제적 호황기만이 아니라 경제적 침체기도 예상하고 부채 리셋 사이클, 즉 희년이 시작되기 전에 빚을 갚고 재정적으로 온유한 사람이 되려고 하는 것이 4% 부자들의 비결이라고 말할 수 있을까요?"

"바로 그거란다!" 아빠가 소리쳤다. "너무 좋은 통찰력이다. 레이첼!" 아빠가 커피 한 모금을 마시며 대답했다. "네가 나보다 벌써 앞서 나갔구나. 1930년 대에 백만 장자가 되었던 사람들은 빚이 없고, 여유 현금이 있었던 온유한 사람들, 즉 부의 이동 방정식에서 맞는 쪽에 있었던 사람들이었단다."

"부의 이동 방정식이요?" 이삭이 물었다. "그건 전에 말씀하신 적이 없어요. 그게 뭐예요?"

아빠가 대답했다. "성경 잠언서에서 볼 수 있는 방정식인데 잠 13:22은 **'죄인의 재물은 의인을 위하여 쌓이느니라'**라고 말한단다. 이 구절은 부의 이동에 대해 말하고 있어. 부의 이동 방정식에 있어서 부정적인 쪽은 부를 잃는 쪽이고 긍정적인 쪽은 부를 받는 쪽이지. 이걸 읽으면서 나는 부의 이동에서 받는 쪽에 있어야 되겠다고 생각했단다."

"저 그 성경 구절 들어 본 적 있어요. 저희 교회에서 초청 강사님이 앞으로 일어날 부의 이동에 대해 강의하신 적이 있어요." 레이첼이 말했다. "고후 5:17-21에 따르면 우리는 새로운 피조물이기 때문에 **'하나님 안에서 그 분의 의'**가 되었고 그래서 우리는 "의로운

자' 의 자격을 갖추었고, 따라서 잠13:22에 나오는 대로 미래에 악인으로부터 이동 되는 부를 우리가 많이 받게 될 것을 기대할 수 있어요."

그러자 아빠가 물었다. "그러면 부가 어떻게 실제적으로 이동할 거라고 생각하니? 많은 돈이 네 은행 계좌에 초자연적으로 들어올까? 아니면 악한 사람들이 자신의 부동산과 부를 네게 주도록 마음의 동기 부여를 받을까? 어떻게 될까?"

"아니요, 그런 건 아닐 것 같아요." 레이첼이 대답했다.

"부의 이동 방정식에 대해 네가 들었던 것보다 뭔가 조금 더 알아야 될 것이 있다고 나는 믿는다." 아빠가 계속했다. "많은 경우에 있어 하나님은 아주 실제적이시단다. 우리는 새 언약에 들어갔고, 메시아이신 예수님이 흘리신 보혈을 통해 하나님이 우리를 보시기 때문에 우리는 당연히 의롭단다. 그런데 나는 하나님께서 우리를 어떻게 보시는지나, 성적 부도덕이나 영생의 구원에 관해서가 아니라 돈과 부에 관련하여 성경에서 하나님이 의인과 악인을 어떻게 정의 내리시는지 알고 싶었단다. 그래서 이 단어들의 정의가 성경에 나와 있는지 보려고 컴퓨터 성경 프로그램에 '의로운'과 '불의한' 이 두 단어를 입력해 보았단다. 이 두 단어가 재정과 관계되어 쓰인 본문 중 내가 처음 본 것은 시37:21이었어."

아빠가 성경 프로그램에서 그 본문을 열어서 읽었다.

시 37:21-22

21 악인은 꾸고 갚지 아니하나 의인은 은혜를 베풀고 주는도다
22 주의 복을 받은 자는 땅을 차지하고 주의 저주를 받은 자는 끊어지리로다

아빠가 계속했다. "난 이 두 구절의 정의를 보며 좀 놀랐어. 이것을 잠13:22에 넣어서 보니까 방정식의 양 쪽 면이 아주 명확해지더구나. 이 정의를 사용하면 잠 13:22 의 내용은
'돈을 빌리고 갚지 않는 자(악인)의 부가 은혜를 베풀고 주는 자(의인)를 위해 쌓여진다.' 가 된단다."

"와!" 이삭은 이해가 되자 이렇게 반응했다. "그러니까 아빠가 지금 말씀하시는 것은 **1930년대에 할아버지가 경험하셨고 설명하신 것이 부의 이동**이었다는 것이죠? 집, 농장, 사업체, 차를 사기 위해 돈을 빌리고 갚지 못 했던 빚진 사람들이 이것들을 잃은 거죠? 은행이 이 재산들을 압류했고 약간의 여유 현금이 있었던 온유한 사람들이 이것을 은행으로부터 아주 싼 경매 가격에 샀다는 것이죠? 그러니까 그것이 빚 있는 자에게서 온유한 자에게로 부가 이동한 실제적인 메커니즘이었네요."

이제는 레이첼이 흥분되어 말했다. "그러니까 1930년 대에 일어났던 일이 정말 잠 13:22의 부의 이동이었네요!"

"그렇지." 아빠가 소리쳤다. 레이첼이 계속했다. "그러니까 그게 바로 잠13:22의 성취였고 우리가 몇년 전에 이야기했던 마5:5 '온

유한 자는 복이 있나니 땅을 유업으로 받을 것이요.'의 온유함의 방정식의 성취였군요. 그래서 시 37:21, 잠 13:22, 마5:5, 세 구절들을 합치면 온유한 자는 경제가 어려운 때에 여유분의 돈이 있기 때문에 은혜를 베풀고 줄 수 있는 사람이 되는 거네요. 그들은 복이 있고 땅을 유업으로 받는데 그것이 바로 시37:22 내용이구요. 반면에 빚 있는 사람은 돈을 빌리고 갚지 못한 사람이고, 자기도 모르는 사이에 자기 자신을 부의 이동 방정식에서 부정적인 쪽에 있게 한 것이네요. 경제가 어려워 질 때에 그들은 더 힘들어져서, 은혜를 베풀고 주고 싶어도 그렇게 할 수가 없고, 부와 땅을 잃게 되고 그것은 은혜를 베풀고 주는 사람, 즉 온유한 사람에게로 이동 하구요."

"잘 이해 했구나." 아빠가 말했다. "경제 역사를 더 공부해 보니까

> 계획하지 않은 희년 때마다 어마어마한 부의 이동이 있다.

계획하지 않은 희년, 경제 리셋에서는 항상 어마어마한 부의 이동이 있었다는 것을 보게 된단다. 유럽에서 여러 세기 전에, 그리고 미국에서 1800년대 중반에, 그리고 다시 1930년대에 그런 일이 있었지. 70 내지 80년마다 한 사회 경제에서 유지 불가능할 정도로 늘어난 부채를 제거해야 되고 그 과정에서 항상 큰 부의 이동이 있었던 것이지. 부는 항상 빚 있는 자에게서 재정적으로 온유한 자에게로 옮겨 간단다."

"성경, 시장 차트, 경제 역사를 연구해 보시니까 우리가 이제 곧 계획하지 않은 희년, 공황에 들어간다고 믿으시는 거죠?" 이삭이 물

었다.

"그래" 아빠가 강한 어조로 말했다. "지금이 2007년 말이고 앞으로 12개월 내지 18개월 내로 이것이 곧 시작되리라고 믿는다. 주택시장이 붕괴되고 주요 금융 기관들이 문을 닫으면서 디플레이션 사이클이 시작될 것 같다. 디플레이션 되면서 위에서 아래까지 내려가는 데는 보통 4-5년이 걸린단다. 바로 확 떨어지는 경우는 결코 없고, 아까 봤던 1930년 대의 공황 차트에서 시장이 4년에 걸쳐서 지그재그로 내려 가는 것을 볼 수 있었지. 그리고 그 기간 동안 반등도 있었단다."

"경제가 다시 확 치솟는 일이 있었을 때마다 정부와 대중 매체는 최악의 상태는 이제 끝났고 이제 다시 경제가 회복되고 있다고 말했지만 그러고 나면 그 전보다 더 가파르게 확 떨어졌단다. 두, 세 번 반등하고 떨어졌을 때 월가의 사람들이 유리창 밖으로 뛰어 내리기 시작했지. 많은 사람들이 거짓 회복에 속았던 거야. 유감스럽게도 이 사이클은 경제에 축적된 모든 빚이 제거될 때까지 계속된단다. 계획하지 않은 희년, 빚 제거를 하면 불공정하고 불확실하기 때문에 하나님께서 고대 이스라엘에게 매 50년마다 자발적인 희년을 계획하고 실행하라고 하셨다고 나는 믿는다."

"그럼 다음 경제 시즌을 준비하기 위해 우리는 뭘 해야 할까요?" 이삭이 물었다. "당연히 개인적인 빚이나 집 대출금은 없어요. 그런데 세 준 부동산, 세차장 사업, 아파트에 관련된 빚은 상당히 있어요."

아빠가 말했다. "먼저는 이 디플레이션 사이클이 일어나면 네가 소유한 부동산 가격이 현재 가격보다 훨씬 떨어지리라는 걸 알아야 한다. 네가 살고 있는 집에 관련된 빚은 없고, 그리고 그 집을 네가 최소 20년 이상 살 집으로 여기고 집 가격이 심하게 떨어지는 일이 있더라도 괜찮을 것 같으면 그 집은 그대로 소유해라. 만약에 네 집을 투자용으로 생각하고 집의 자산 가치를 유지하고 싶으면 아직까지 주택 시장 경기가 좋을 때인 지금 집을 팔아라. 그렇게 하고는 4, 5년은 세를 내어서 살고 나서 나중에 비슷한 집을 지금 가격보다 훨씬 싼 가격으로 다시 살 것을 계획해라."

이삭은 아빠의 말을 이해하며 머리로 빨리 계산을 했다. 이삭이 말했다. "그러니까 예를 들어서 앞으로 몇 개월 내로 우리 집을 5억에 팔고 매달 200만원씩, 그러니까 1년에 2천 400만원 월세로 5년을 산다면 5년간의 월세 돈은 1억 2천 만원이 되겠네요. 그러니까 5억에서 1억 2천 만원을 빼면 3억 8천 만원이 현금으로 남아서 5년 후에 집을 다시 살 돈이 되겠네요. 아버지 말씀이 맞고 디플레이션 공황으로 인해 집 가격이 현재보다 훨씬 떨어진다면 비슷한 집이나 더 좋은 집을 3억 8천 만원보다 더 싼 가격으로 사고 그리고 현금이 더 남겠네요. 그렇게 하지 않고 현재 집을 그대로 소유하고 있으면 5년 후에 우리 집의 가치는 확 떨어져 있고 또 우리는 여유분의 현금도 없겠네요. 아빠 말씀이 이것 맞아요?"

"그래, 나는 그렇게 될 수 있다고 믿는단다, 이삭아."

이삭이 레이첼을 봤다. 이삭은 레이첼이 집을 정말 좋아하고 자신이 원하는 대로 집을 꾸몄음을 알았다. 이삭이 아빠에게 말했다. 레이첼과 저 이것에 대해 기도해 봐야겠어요. 그런데 저희는 살고 있는 집을 투자 목적으로 생각하고 있지는 않아요. 저희 집이고 집 대출금도 없고 적어도 20년은 더 살 계획이니까 그 집은 아마 그대로 둘 것 같아요. 그런데 집 대출금 있는 사람들에게는 앞으로 올 디플레이션이 정말 악몽 같은 것이 될 수 있겠는데요. 만약에 저희와 비슷한 집을 4억 대출금을 끼고 갖고 있는데 집 가치가 나중에 1억이나 2억원으로 떨어지면 앞으로 올 디플레이션 사이클에서 얼마나 많은 사람들이 집을 잃게 될까요. 집 대출금이 있는 친구들에게 경고를 해 줄 수 있으면 좋겠어요."

"그래, 맞다." 아빠가 말했다. "세를 내 준 부동산에 대해 이야기해 보자. 내가 오늘 너와 레이첼과 이야기하려고 한 중요한 이유는 세 내 준 집과 부동산을 다 팔 것에 대해 깊이 생각해보아야 한다는 것 때문이란다. 현재의 인플레이션 사이클에서 너는 최대한 이익을 보았다고 여겨지고, 계속 더 가지고 있으면서 그 가치가 떨어지는 것을 보고 싶지는 않으리라고 생각한다. 시장이 하락해도 아파트 월세 시장은 증가할 것이지만 월세 수입 보다 아파트 가치 하락폭이 훨씬 더 클 거다. 다음 경제 시즌에는 그런 위험 부담은 다른 사람들이나 감수하게 하고, 지금 팔면 넌 최고의 가격을 받을 수 있을 거다. 앞으로 25년에서 30년 간 지금의 이 가격은 못 볼 거라 생각한다."

"그러니까 명확한 첫 포인트는 모든 빚을 제거하는 거란다. 어찌 된 일인지 교회 다니는 많은 사람들은 희년이 오면 모든 빚이 탕감 되고 재산은 계속 자신이 갖는다고 생각하는데 그게 아니란다! 희년 이 오면 빚은 탕감되지만 집을 포함한 모든 재산은 돈을 빌려준 사 람에게로 돌아간단다. 경제가 인플레이션 사이클에서 빚 제거 디플 레이션 사이클로 바뀔 때 가장 안 좋은 상황은 빚 있는 상황이란다. 그 상황에 계속 있으면 네게서 부가 이동하게 되기 때문이지."

이삭이 질문했다. "아빠, 이것은 자본을 보존하려는 방어적 전략 이잖아요. 앞으로 올 디플레이션 공황에서 번창할 수 있는 공격적 전략을 나눠 주실 수 있으세요?"

아빠가 말했다. "물론이지. 이제 그걸 얘기하려던 참이었다. 볼 수 있는 눈이 있는 잇사갈 자손에게는 이 시기가 평생의 기회가 될 수 있단다. 내가 맞다면 이것은 네 평생에 단 한 번만 있을 아주 고 유한 몇 년의 기간이란다. 지난 1930년대의 디플레이션 때는 네가 태어나지 않았었고, 예수님이 80년 내로 재림하지 않으신다 해도 다음 디플레이션이 올 때까지 네가 그렇게 오래 살지는 않을 거야."

"먼저는 너는 개인적인 빚이 없고 현금이 많으니까 앞으로 몇 년 간은 현금을 그냥 가지고 있어라. 디플레이션이 일어나고 빚 있는 사람들이 사업체, 농장, 집, 부동산 등을 잃을 때 넌 이것들을 아주 싼 가격에 살 수 있을 거야. 온유하고 현금이 있으면 너는 앞으로 몇 년 내에 일어날 부의 이동의 혜택을 누릴 수 있단다."

"또 하나 떠오르는 잠언 구절은 잠 30:25이다." 아빠가 다시 성경을 읽었다.

잠 30:25
25 곧 힘이 없는 종류로되 먹을 것을 여름에 예비하는 개미와

"개미는 계절을 이해하는 피조물이지. 개미는 겨울에 살아 남기 위해서는 여름에 먹이를 저장해야 함을 안단다. 이 구절을 보면 브라질에서 큰 주택 사업을 하는 내 친구 가족이 생각난단다. 그 친구 아버지가 1930년대에 일본에서 브라질로 이민을 갔어. 이 젊은 새 이민자는 기술을 개발해서 사업을 시작했고 급성장시켜 70년 후에는 그 사업이 연 7,000억 원 대의 사업이 되었단다."

아빠가 계속했다. "최근에 내가 그 친구에게 지난 70년 동안 브라질에 불어 닥쳤던 과다 인플레이션과 심각했던 디플레이션의 경제 혼란 속에서 어떻게 그 아버지가 사업을 유지할 수 있었는지 물었단다. 내 친구가 내게 해 준 설명은 그의 아버지가 아주 지혜롭고 온유한 사람이었다는 것이었어. 그 아버지는 사실 인플레이션의 고성장 때보다 디플레이션 공황 때 더 번창했단다. 나는 그 분이 정말 4%의 사람이었기 때문에 성공했다고 믿는다. 그는 사이클을 이해했고 그 다음, 다음에 오는 모든 사이클을 위해 준비했던 거야."

"모든 사람이 빚을 내서 사업을 크게 확장했을 때, 내 친구 아버지

는 조금씩만 확장했단다. 다른 사람들은 그가 너무 보수적이고 기회를 놓치고 있다고 생각했어. 하지만 사실 그는 겨울이 올 것이라는 것을 알고 여름에 먹이를 저장하는 개미였단다. 그리고 나서 디플레이션 부채 제거 시기가 왔을 때 그 분은 빚이 없었고 현금이 많았단다. 그의 경쟁자들이 현상유지도 하기 힘들었을 때 그는 아무 문제가 없었어.

그리고 최악의 경기 때에는 그는 가격을 낮추어서 모든 경쟁자를 물리쳤단다. 그의 많은 경쟁자들은 디플레이션 때에 사업을 유지하지 못했고 사업체와 장비를 채권자에게 잃었단다. 그러면 그 아버지는 시장을 더 점유하게 되었고 그들의 장비를 아주 싼 가격에 샀단다. 그가 온유했기 때문에 그 나라에서 경제가 침체될 때마다 있었던 부의 이동의 혜택을 누린 거지."

"지혜가 있었기 때문에 그는 디플레이션 기간이 끝날 때마다 시장 점유율이 더 높아졌고 판매가 더 늘었단다. 그는 사업을 장기적인 접근법으로 이끌면서 각각 다음에 오는 경제 사이클을 예상하며 대비했기 때문에 모든 시즌에 맞추어 준비할 수 있었고 겨울도 유익이 되게 사용할 수 있었던 거야. 그렇게 해서 이 젊은 일본인 이민자는 몇 십 년 만에 회사를 크게 성장시켰단다. 이삭아, 네 사업에서도 이렇게 하라고 제안한다. 안타깝게도 대부분의 사람들은 경제에서 다가오는 디플레이션 부채 제거 시즌을 모르고 예상하지 못한단다."

"두 번째로는" 아빠가 계속했다. "대부분의 사람들은 시장이나 경제가 상승할 때 가치가 증가되는 펀드나 재정 상품에만 투자한단다. 주식 시장이나 부동산 시장에 반대되게 지렛대처럼 움직이는 재정 상품에 투자할 줄 아는 사람은 거의 없단다. 시장이 양 쪽 어느 방향으로 움직이든지 돈은 벌 수 있단다. 네 '투자' 항아리에서 적은 액수의 위험 부담 자본을 이런 상품에 투자하라고 나는 제안한다. 위험 부담 자본은 말 그대로 잃을 수도 있다는 것을 감안하고 투자하는 돈이다. 내가 맞다면 경제 디플레이션이 있을 때 그런 상품의 가치는 크게 올라갈 것이다."

"마지막으로는 역사적으로 볼 때 디플레이션 공황 기간이 새 아이디어와 기술의 인큐베이터라고 자료에서 읽었단다. 사업이 확장되지 않으니까 사람들은 기술 개발에 더 많은 시간과 에너지를 쓰는 것이지. 그러니까 이제 앞으로 몇 년간은 새 기술 개발 분야에 투자할 것에 대해 생각해 볼 수 있단다."

"아빠, 너무 감사 드려요." 이삭이 말했다. "오늘 아버지께 배운 모든 것에 대해 레이첼과 제가 기도해 보고 우리 투자 사업 때문에 있는 모든 빚을 제거할 빠른 행동을 취할 계획을 세울게요. 15년 전에는 성장하는 인플레이션의 경제였기 때문에 아버지께서 저에게 돈을 빌려 부동산 사업에 투자하라고 제안하셨다는 걸 이제 알겠어요. 이제 부동산을 팔고 빚을 제거해야 되는 이유는 우리가 디플레이션의 수축하는 경제로 들어가고 있기 때문이군요. 이런 경제 사이클을 이해하는 것은 정말 놀라운 통찰력이에요."

레이첼이 말했다. "아버지의 지혜를 저희에게 나눠 주셔서 너무 감사 드려요. 아버지는 너무 좋은 아버지일 뿐 아니라 정말 놀라운 멘토세요! 아버지가 정말 때를 알고 행할 바를 아는 잇사갈의 자손이세요. 다시 한 번 감사 드려요."

이삭과 레이첼은 집에 가서 다음 며칠 동안 소유한 부동산과 사업체에 대해 기도했다. 아빠의 제안대로 그들은 대출을 받아서 구입한 모든 부동산을 팔려고 내놓았다. 그들은 앞으로 몇년 간은 레이첼의 네트워크 판매 사업의 수입이 줄 것이라고 예상했기에 그것을 감안해 재정 예산을 잡았다. 그리고 이삭의 금융 회사에서 많은 사람들이 채무를 불이행할 것에 대해 준비해야 한다고 생각했다. 그러나 이삭은 빌린 사람이 아니라 빌려 준 사람이었기에, 사람들이 채무를 불이행하는 경우, 그들의 부동산과 재산이 이삭에게로 전환될 수 있는 상황이었다. 따라서 채무자들이 채무를 불이행할 경우 채무자의 소유물을 감정해서 받을 계획이 필요할 따름이었다."

이삭과 레이첼은 기도하면서 '투자' 항아리에 넣는 돈의 퍼센트를 줄이고 '저축' 항아리에 넣는 퍼센트를 늘려서 앞으로 10년간 아주 싼 가격에 나오는 부동산과 사업체를 사도록 돈을 모아두기로 했다.

그들은 부채를 지고 있었던 모든 사업체와 부동산을 2007년 말과 2008년 초에 팔 수 있었다. 그리고 그들은 당연히 수익의 10%를 '십일조' 항아리에 넣었고 십일조로 냈다. 그리고 남은 돈 대부분을 아버지가 말한 대로 모든 것의 가격이 크게 떨어질 때 새 사업체와 부동산을 사는데 쓰려고 '저축' 항아리에 넣었다. 그 해 휴가 기간에 이삭과 레이첼은 아주 바빠서 친구들을 만날 시간이 별로 없었다. 그런데, 빌과 수가 1월에 그들을 저녁 식사에 초대해서 들뜬 상태로 새 소식을 전했다. 그들이 빌과 수와 함께 식탁에 앉자 빌이 이야기를 꺼냈다. "이삭, 네 아버지로부터 배운 재정 원리를 네가 나에게도 나누려고 지난 몇 년간 애 썼잖아. 내가 그것을 이해하고 실천하기까지 정말 오랜 시간이 걸렸지만, 지난 2년 동안에 수와 나도 돈을 여러 항아리에 넣고, 배가되는 것에 돈을 투자하는 비결을 이해했어. 너를 조금이라도 따라잡기 위해 우리도 '투자' 항아리에 돈을 충분히 모았어."

빌은 아이패드에서 집 사진을 보여 주며 자랑스럽게 말했다. "우리는 돈을 거의 안 들이고 이 집을 샀고, 또 세 들어 올 가능성이 있는 사람들도 벌써 여러 명 있어. 우리도 이제야 배가되는 것에 투자한 거야!"

이삭과 레이첼은 염려되는 표정으로 서로를 쳐다보며 생각했다. '아버지가 우리에게 경제 사이클에 대해 나눠 주신 것을 이들에게 어떻게 말할까?' 그들이 보기에는 빌과 수가 시장의 최고점에서 집을 사서 세를 내주고 그리고 나서 집의 가격이 하락하게 되는 큰 위험 부담을 감수하는 것 같았다. 두 시간 정도 동안 이삭과 레이첼은 빌과 수에게 앞으로 올 가능성이 있는 디플레이션과 빚 제거의 경제 시즌에 대해 설명하려고 했다. 그러나 빌과 수는 새 집을 산 것에 대해 너무 흥분해서 집을 팔라는 설득을 받아들이지 않았다. 그들은 또한 할머니로부터 유산을 약간 받았고 이 유산을 투자하는데 도움을 받고자 리먼 브라더스 (Lehman Brothers)의 투자 브로커와 상의를 하고 있다고 이삭과 레이첼에게 말했다. 이삭이 아버지로부터 배운 것을 기반으로 해서 지금은 돈을 주식 시장에 투자하기에 좋은 때가 아니라고 다시 경고하자 빌은 약간 발끈해서 소리쳤다. "이삭, 네 눈에 보기에는 우리가 뭘 해도 항상 잘못 하는 것 같구나. 내 투자 컨설턴트가 50년 역사를 보여 주면서 우리 돈을 투자한 상품은 심각하게 떨어지는 일이 있어도 항상 다시 돌아온다고 했어. 난 우리가 무슨 일 할 때 마다 네가 왜 다 된 밥에 재를 뿌리는지 모르겠어. 우리는 너도 같이 기뻐해 주리라고 생각했는데, 너는 비판만 하는구나."

이삭과 레이첼 둘 다 빌과 수에게 더 설명 안 하는 것이 낫겠다고 생각했다. 이삭과 레이첼은 그들을 받아 들여 주지 않고 긍정적으로 여겨 주지 않은 것에 대해 사과 하고 새 집을 산 것에 대해 축하해 주고는 집으로 돌아왔다.

네 번째 비결

경제는 직선이 아니라 사이클임을 이해하라. 그렇기 때문에 항상 경제 사이클의 그 다음 단계를 예상하고 준비하라. 경제가 확장될 때 그리고 수축될 때 모두 성공하는 방법을 배우라.

생각해 보기

1. 당신 나라의 지금 경제는 경제 사이클의 어느 단계에 있는가? 그리고 경제 사이클의 다음 단계를 예상하면서 당신은 무슨 준비를 하고 있는가?
2. 당신이 아는 사람 중에 경제 사이클을 이해하고 예상하고 준비했던 사람이 있는가? 준비했던 결과는 무엇이었는가?
3. 잠13:22의 부의 이동 방정식의 어느 쪽에 당신은 현재 위치해 있는가? 그리고 맞는 쪽에 계속 있거나 맞는 쪽으로 이동하기 위해 당신은 어떻게 변화될 필요가 있는가?
4. 당신이 아는 사람 중에 1930년대의 대공황 때 살았던 사람이 있는가? 경험 했던 것에 대해 그들은 당신에게 어떤 통찰력을 나눠 주었는가?
5. 핵심 부(Core Wealth)와 위험 부담 자본(Risk Capital)의 차이점을 이해 한다면, 돈을 잃지 않도록 안전한 투자를 하기 위해 당신은 무엇을 해 왔는가? 그리고 앞으로 올 경제 시즌에 맞추어 위험도는 높지만 고수익을 얻는 투자를 하도록 하나님께서 당신에게 보이신 전략이 있는가?

Five Wealth Secrets 96% of us Don't Know

CHAPTER 6
두 세대에게 유산을 남기라

4%의 부자들이 알고 자녀들에게 가르치는 다섯 번째 비결을 보자. 이 원리는 잠13:22. **"선인은 그 산업을 자자손손에게 끼쳐도"**에 표현되어 있다. 96%의 사람들은 자신의 삶을 꾸리고 자녀 세대에게 약간의 유산을 남기는 것도 어려워하는 반면, 4%의 사람들은 그 다음 세대를 생각하고 적어도 두 세대에게 상당한 유산을 남긴다.

2008년이 펼쳐지자 이삭과 레이첼은 경제 사이클에 있을 수 있는 변화에 대해 아버지가 미리 경고해 주었다는 사실에 아주 기뻐했다. 그들은 모든 빚과 투자용 부동산을 제거했고, 주식 시장에 넣었던 투자금과 퇴직 자금을 빼서 현금으로 저장해 두었다. 그 결과로 이삭과 레이첼은 부동산 가격이나 주식 시장의 폭락의 부정적 영향을 받지 않았다. 아빠의 예측 대로 2008년에 다우 존스 산업 평균가가 정말 50 % 이상 떨어졌다. 이것은 1929년의 49%의 폭락보다 더 큰 폭락이었다. 하지만 대부분의 사람들은 이것이 새로운 디플레이션 단계의 시작임을 모르는 것 같았다.

안타깝게도 빌과 수는 2008년 9월 리만 브러더스(Lehman Brothers)의 붕괴 때 유산으로 받았던 돈을 거의 다 잃었다. 그들이 브로커에게 왜 이런 시장 폭락과 리만 브러더스 붕괴의 가능성에 대해 경고해 주지 않았냐고 묻자 그는 "누가 알았겠어요? 이런 일이 생기리라는 건 아무도 알 수가 없었어요."라고 말 할 뿐이었다.

당연히 빌과 수는 이삭과 레이첼이 그들에게 경고해 주려 했던 것과 이삭의 아버지가 그런 하락을 예측하고 있었다는 것을 기억했다. 그러니까 분명 모든 사람이 다 놀란 것은 아니었다. 빌과 수는 그 해 초반에 친구의 말을 듣지 않았던 것을 한탄했다. 설상가상으로 그들의 집과 세 준 집 가격은 한 해 전에 비해 30% 이상 떨어졌다. 2009년 초에 수는 다시 이삭과 레이첼과 만나서 조언을 받자고 빌에게 제안했다. 빌이 이삭에게 연락을 해서 다시 같이 저녁 식사 할 수 있겠냐고 물었다. 이삭이 말했다. "빌, 이번 토요일에 나랑 레이첼 우리 부모님과 저녁 식사 할건데, 너희도 우리 부모님 집에 와라. 네가 우리 아버지를 만나서 아버지께 여쭤 보는 게 좋을 것 같아."

"그래, 그거 좋겠다." 빌이 말했다. "몇 시에 갈까?"

"6시 어때?" 이삭이 말했다. "좋아" 빌이 대답했다. "그날 보자."

다음 주 토요일에 이삭과 레이첼, 부모님과 빌과 수가 함께 저녁 식사를 했다. 풍성한 식사 후에 모두들 거실로 옮겼다. 빌이 이삭의 아버지께 어떻게 주택과 주식 시장 하락에 대해 미리 아셨는지 물었다. 아빠는 한 시간 반 동안 빌과 수에게도 성경적인 희년과 앞으로 올 디플레이션, 빚 제거 시즌에 관한 원리와 차트를 설명해 주었다. 그러자 빌이 물었다. "그럼 아버님, 앞으로 2년간 경제에 무슨 일이 일어나리라고 생각하세요?"

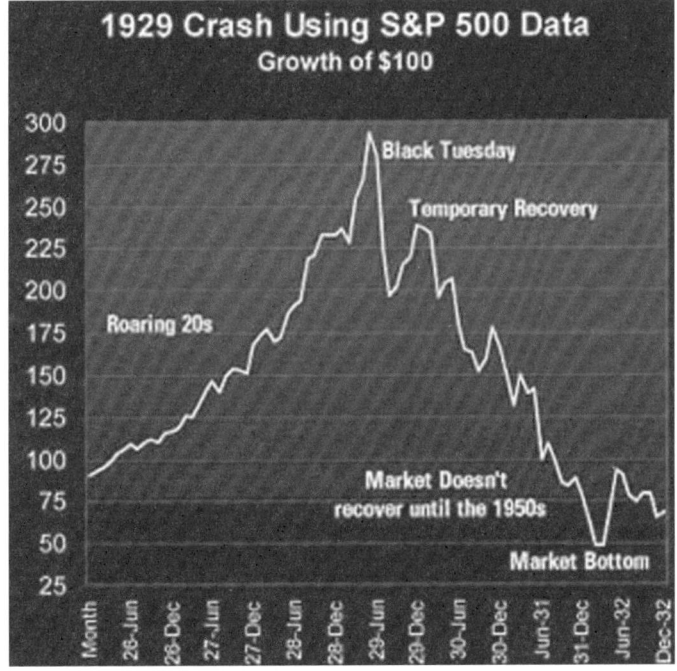

Remembering The 1929 Stock Market Crash
By Antonio Costa on June 28, 2008
http://www.dailymarkets.com/stock/2008/06/28/remembering-the-1929-stock-market-crash/

"빌, 좋은 질문이다." 아빠가 말했다. "지금 주택, 부동산 가격과 실물 시장이 지그재그로 하락하는 시리즈 속에 있다고 나는 생각한다. 대부분의 사람들은 지난 번 공황 때 시장이 그냥 바로 일직선으로 확 떨어진 것이 아니란 걸 모른단다. 1930년 대 공황에 대한 자료에서 뽑은 차트를 하나 보여 줄게."

아빠가 계속했다. "시장이 몇 년에 걸쳐서 계단 모양으로 내려간 것을 이 차트에서 볼 수 있단다. 현재 우리가 겪고 있는 빚 제거 사이클도 같은 패턴을 따르리라고 나는 생각한다. 1년 반 전에는 이 사이클이 정확히 언제 시작될 지 몰랐는데 분명 2008년이나 2009년에는 시작하리라고 생각했었단다. 내 예상이 맞았지. 그리고 2013년, 2014년쯤 되어서야 가장 밑바닥까지 내려갈 거라고 난 생각한다. 1930년대 초반에 그랬던 것처럼 주식 시장과 경제가 하락하다가도 몇 번은 확 치솟아 오르는 것을 볼 위험성도 있단다. 이것이 위험한 이유는 회복이 있을 때마다 많은 사람들은 경제와 주식 시장이 아직 훨씬 더 많이 내려 가리라는 것을 모르고 시장에 다시 뛰어 들었다가 그리고 나서 시장이 다시 더 많이 하락하면 손해를 보는 일이 발생하기 때문이지."

"이 다음 차트를 봐라. 지금 우리가 경험한 시장의 처음 큰 하락을 보여 주는 차트란다. 앞으로 몇 년 동안 확 떨어졌다가 다시 올라갔다가 하는 시리즈가 있으리라고 나는 예상한다. 1930년대와 비슷한 패턴이 있으리라고 예상하는 거지. 시장이 언제 바닥을 치고 올라갈지는 모르지만, 현재의 계획하지 않은 희년이 1930년대의 희년과 비슷하다면 우리가 살고 있는 도시 같은 큰 도시에서 부동산 가격이 작년의 최고 가격보다 훨씬 더 떨어지게 될 것을 예상할 수 있단다. 그 의미는 몇년 후에는 비슷한 집을 2008년 가격보다 훨씬 더 싼 가격으로 살 수 있다는 거지. 1930년 대에 일어났던 일이 다시 반복된다면 주식 시장은 최고점보다 75%에서 90%까지도 떨어질 수 있단다." 아빠가 말했다. "그리고 나면 적어도 20년 내로는 즉 2020년 대까지는 가격이 회복되지 않을 거야." 아빠가 계속했다.

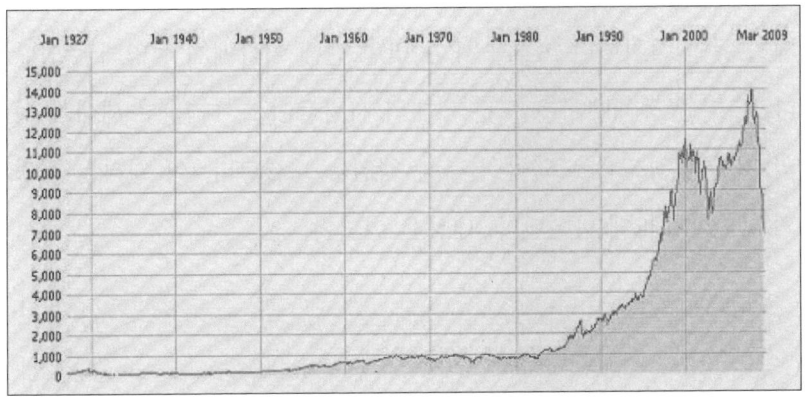

http://moneycentral.msn.com/

빌과 수 두 사람 다 창백해졌다. "그러면 집 대출금 액수보다 집 가격이 이미 훨씬 떨어진 저희 집은 어떻게 해야 할까요? 저희가 소유한 집 두 채 다 집 값보다 대출금 액수가 더 커졌어요."

아빠가 잠시 침묵하더니 부드럽게 말했다. "너희가 기도해 보고 주님께서 주시는 명확한 인도하심을 받아야 된단다. 하지만 집 두 채 다 지금 팔아서 지금만큼만 손해 보도록 할 것을 고려해 볼 수 있단다. 그렇지 않으면 집 가격이 계속 떨어지면 집 두 채 다 은행에 빼앗길 위험이 있단다."

빌이 이삭을 보고 말했다. "넌 고등학교 졸업하자마자 집 살 때부터 대출 받을 필요가 없었으니 정말 복 받은 사람이야. 그런데 너 같은 아버지가 없는 우리 같은 평범한 사람이 도대체 어떻게 은행 돈을 안 빌리고 집을 살 수 있겠어?"

아빠가 말했다. "우리 가족과 우리 공동체의 많은 사람들이 여러 세기 동안 실천했던 비결을 내가 몇년 전에 이삭에게 설명해 주었단다. 우리 공동체에서는 모든 세대의 사람들이 그 다음 두 세대가 삶의 기반을 잡도록 도와야 한다는 책임을 느꼈단다. 이 원리는 성경의 잠언 13:22에 나온단다. 내용은 이거야.

잠 13:22

22 선인은 그 산업을 자자 손손에게 끼쳐도 죄인의 재물은 의인을 위하여 쌓이느니라."

아빠가 계속했다. "유산을 자녀에게보다는 손주에게 남긴다는 원리를 생각해 보면 흥미롭단다. 대부분의 사람은 죽을 때, 남길 유산이 있으면 자녀에게만 유산을 남기지. 그런데 20 대 때 삶의 기반을 잡으며 시작 할 때하고 60 대 때, 그 부모님은 80, 90이어서 돌아가실 때 언제가 더 이전 세대로부터의 도움이 필요할까?"

아빠가 스스로 질문에 답했다. "당연히 젊고 삶의 기반을 잡으며 시작할 때가 도움이 필요한 때지. 그렇기 때문에 잠언서가 우리에게 자녀의 자녀를 돕고, 유산을 손주에게 남기도록 예산을 세우라고 말한다고 나는 믿는다. 우리 가족은 여러 세대에 걸쳐서 그렇게 했단다. 이삭은 어렸을 때부터 재정 관리에 대해 배웠기 때문에 20대 초반에 할아버지로부터 재정적 도움을 받을 필요는 없었지만 이삭의 사촌 여러 명은 그럴 필요가 있었어."

"예를 들어 내 형님, 이삭의 큰 아버지는 자녀가 셋 인데 세 자녀 다 20대에 결혼해서 아파트에서 살기 시작하면서 직업을 갖고 일하기 시작했단다. 그리고 그들이 집을 사야 될 때가 되었을 때 아무도 30년 기간으로 대출 받으려고 은행에 가지 않았단다. 그들의 부모님과 조부모님이 몇 십 년 전부터 이런 필요가 있을 것을 미리 알고 모든 손주에게 현금으로 집을 사주기 위해 '저축' 항아리에 돈을 모아두었단다. 그러니까 다음 세대를 위해서 가족이 은행이 된 것이지. 모든 자녀들이 내가 이삭에게 가르쳤던 다섯 가지 재정의 비결을 가족 문화에서 배웠기 때문에 우리 친척 모두는 쓰는 돈을 제한해서 쓰고, 많은 사람들이 30년 걸려서 집 대출금 갚는 것처럼 그렇게 하지 않고 최대 10년 만에 집 값을 가족에게 갚기로 동의했단다."

아빠가 계속 했다. "보통 직업을 갖고 일 하는 사람 누구든지 소득으로 집 대출금을 10 년 만에 갚을 수 있단다. 대부분의 사람들이 그렇게 하지 않는 이유는 부의 다섯 가지 비결을 배우지 못했기 때문이지. 그들은 모든 돈을 한 항아리에 넣고, 집 대출금을 갚고자 하는 비전도 이유도 없고, 가치가 배가되는 것이 아니라 가치가 절하되는 품목에 가진 돈을 다 소비하고, 경제 사이클에 대한 개념이 없는 문화에서 배우며 자라기 때문에 잘못 된 때에 잘못 된 것에 돈을 투자하고, 후손을 재정으로 축복해 줄 실제적인 단계를 밟지 못하는 것이란다."

> 보통 직업을 갖고 일하는 사람 누구든지 소득으로 집 대출금을 10 년 만에 갚을 수 있다

"와!" 빌과 수가 동시에 소리쳤다. "아버님께서 이제까지의 우리의 삶을 묘사하셨네요. 아버지께서 말씀하신 것을 제 자녀와 손주들을 위해서 하고 싶지만, 저희가 지금 처해 있는 재정의 덫에서 어떻게 빠져 나올 수 있을 지 모르겠어요." 빌이 말했다.

"이해한다." 아빠가 말했다. "대부분의 사람들은 없는 것, 할 수 없는 것을 생각하며 답답해 하지. 이 덫에서 빠져 나올 수 있는 유일한 길은 초점, 내적 태도와 가치관을 바꾸는 적극적인 단계를 밟는 것이란다. 너희가 그렇게 할 수 있도록 바로 지금 도움을 줄 수 있는 실제적인 자료를 제안해줄게.

이 자료들은 우리랑 아주 친한 친구인 크래그 힐과 잰 힐 부부가 개발한 것이란다. 개인적인 삶의 영역과 재정의 영역에서 변화되고

발전하기를 원하지만 어떻게 할 지를 모르는 사람들을 돕고자 크래그와 젠이 세운 자선 단체인 국제가정사역원(Family Foundations International)을 통해 이 자료들을 사용할 수 있단다. 바로 당장 너희에게 도움이 될 세 가지 중요한 자료를 제안할게. 잠깐만 기다려라."

아빠가 노트북을 갖고 와서 www.familyfoundations.com 홈페이지를 열었다. 너희에게 당장 구해서 보고 참여해 보라고 제안하고 싶은 것 세 가지 목록을 만들어 주마.

- 그리스도인의 재정 원칙[9], 크래그 힐과 얼 피츠의 책
- The GOODPLAN(좋은 계획)[10], 크래그 힐의 강의 동영상
- Financial Foundations(재정의 기초), 크래그 힐이 강의하는 주말 체험 과정

"첫 번째 책, "그리스도인의 재정 원칙"(Wealth, Riches and Money) 은 우리가 방금 이야기한 다섯 가지 비결을 실천하기 위해 먼저 너희의 생각과 가치관을 변화시켜 줄 처음 기초를 제공해 주는 책이란다"

---

9) 크래그 힐과 얼 피츠, '그리스도인의 재정 원칙' (도서 출판 예수 전도단) (Wealth, Riches and Money) (콜로라도, 리틀톤 , Family Foundations International, 2001)
10) 크래그 힐 The GOODPLAN, (콜로라도,리틀톤, Family Foundations International, 2007)

"The GOODPLAN"(좋은 계획) 동영상 강의는 잠13:22 '선한 사람은 자녀의 자녀에게 유산을 남긴다.'는 원리를 설명해 주는 말 표현이다. "GOOD"은 "GET OUT OF DEBT"(빚에서 빠져 나오기)의 앞 글자를 딴 것이지. 이 동영상 강의에서 크레그는 어떻게 현재의 빚을 체계적으로 제거하고 손주들을 돕도록 유산을 남길 지, 그래서 네가 성경적으로 '선한 사람'이 될 자격을 갖추도록 성경적인 강의를 해 주고 한 단계, 한 단계의 실제적인 계획을 제시해 준단다. 매주 돈 관리를 하도록 엑셀 프로그램을 사용하게 되지."

"몇년 전에 우리가 이 동영상 강의를 처음 봤을 때, 우리가 언어로 표현하지는 않았고, 또 다른 사람들에게 가르치지는 않았지만 우리 가족과 공동체에서 세대 세대에서 계속 알고 실천해 왔던 것을 확인받는 그런 경험을 했단다. 우리가 이 동영상 강의를 봤을 때, 미래의 우리 가족 어느 누구도 집을 사기 위해 은행 대출받는 일이 결코 있지 않게 할 더 구체적인 계획이 우리에게 생겼단다. 가계의 축복을 위해 우리가 무엇을 하는지 곧 설명 해 주마."

"그리고 주말 체험 과정인 "Financial Foundations (재정의 기초)"는 진정 우리의 삶을 변화시키는 성령님을 만나는 체험이란다. 우리가 몇 년 전에 이 주말 체험 과정에 참석했을 때, 우리는 우리의 부부 관계, 소비 습관, 투자에 대한 분별력, 우리 삶을 향한 하나님의 목적을 이루도록 우리에게 주신 재정적 자원을 사용하는 능력에 영향을 미치고 있는 많은 깊은 이슈에 대해 직면하게 되었단다."

이삭의 엄마가 대화에 참여하고자 거실에 들어 오며 말했다. "이건 말로 다 설명하기가 어려운데 그 주말 체험 과정을 통해 하나님께서 우리 두 사람의 감정과 가치관을 초자연적으로 변화시켜 주셨단다. 그 주말 이후에 네 아버지가, 특히 돈 사용 문제에 있어 나를 대하는 방식이 완전히 달라졌단다. 네 아빠의 내면에 극적인 변화가 있었고, 재정 문제에 있어 우리가 결혼한 이래 처음으로 한 마음이 된 것 같아."

"여보, 그 주말 후에 당신도 정말 많이 달라졌어요." 아빠가 끼어 들었다. "그런데 당신 말이 정말 맞아요. Financial Foundations (재정의 기초) 주말 체험 과정을 통해 우리는 더 이상 우리 자신이 돈의 종, 노예처럼 느껴지는 것이 아니라, 우리를 통해 하나님의 목적이 이루어지도록 돈이 우리의 종이 되게 하는 자유를 경험했단다."

"저희 부부에게도 그것이 필요해요." 빌이 말했고 수도 마음으로 그것을 인정하며 고개를 끄떡였다.

"지금 당장 책과 동영상 강의를 주문하자. 그리고 너희가 참석할 수 있는 다음 Financial Foundations(재정의 기초) 주말 체험 과정이 언제, 어디서 있는지 인터넷에서 찾아 보자." 아빠가 말했다.

"좋아요." 빌이 열정적으로 말했다.

인터넷으로 책과 강의 동영상을 주문하고 Financial Foundations (재정의 기초) 주말 체험 과정에 빌과 수를 등록시키고 나서 아빠가 계속 말했다. "우리 가정에서 가계를 축복하는 아주 구체적인 계획을 개발했다고 내가 아까 말했지? 이삭의 어머니와 나는 우리 자녀들에게 그냥 자녀이기 때문에 하나님께서 우리가 그들에게 무엇을 주기 원하시는 지와, 우리가 가진 가치관을 자녀들이 받아들이고 우리의 목표를 그들이 이루는지에 따라 뭘 줄 지 그 두 가지를 결정할 필요가 있었단다. 몇 주를 기도하고 나서 우리는 부모로서 모든 자녀에게 살 집을 제공해 주기로 결정했단다. 그리고는 자녀들도 우리의 영적인, 사업적인 목표와 같은 목표를 가졌는지에 따라 그들에게 추가적인 자원을 투자하기로 결정했단다."

아빠가 계속했다. "이스라엘 갈릴리 지역에 사는 아랍 가족과 친구가 되면서 그들을 통해서 나는 처음 이 아이디어를 얻게 되었단다. 유세프는 지붕을 편편하게 해서 큰 집을 지으면서 세 아들들이 결혼하면 추가로 층을 더 올려서 각 아들들에게 살 곳을 제공해 줄 비전이 있었고 아들들이 성장해서 결혼하니까 정말 그렇게 했단다."

"유세프가 아들들에게 집을 제공해 주는 걸 보면서 우리도 세 자녀에게 집을 제공해 주고 싶어졌단다. **GOODPLAN (좋은 계획)** 동영상 강의를 본 뒤에 우리는 손주와 모든 후손에게 집을 제공해 줄 수 있도록 지속적인 펀드를 만들 수 있는 아이디어가 떠올랐단다. 우리가 기도하면서 느낀 것이 있는데, 그건 바로 자녀들에게 아무 책임도 안 지게 하면서 그냥 집을 주지는 말자라는 거였어. 그 대신에 **GOODPLAN (좋은 계획)**에 나오는 것과 비슷한 것을 해야겠다고 느꼈단다. 그것은 결혼한 자녀에게 이자를 받지 않고 집 살 돈을 빌려 주는 것이란다. 그리고 자녀들이 10년에 걸쳐서 그 돈을 갚는 거지."

"자녀들이 갚는 돈은 우리에게 갚는 것이 아니라 배가되도록 투자하도록 신탁, 펀드에 넣는단다. 그렇게 해서 20년, 25년이 지나서 우리 자녀의 자녀가 자라서 결혼하고 집을 사려고 할 때면 모든 손주들에게 현금으로 집을 사 줄 충분한 돈이 펀드에 있게 된단다. 그렇게 하면 자녀의 자녀에게 유산을 주는 '선한 사람'이 될 자격이 되는 거란다. 그리고 또한 우리 가정의 모든 후손이 빚의 노예의 재정 시스템으로부터 빠져 나오게 돕는 것이란다."

"그러면 손주들도 집 값을 최대한 10년에 걸쳐 갚고 그 돈을 매달 신탁, 펀드에 넣는 거야. 그렇게 해서 우리는 모든 후손에게 집을 제공해 줄 영구적인 펀드를 만들었단다. **GOODPLAN (좋은 계획)** 동영상 강의에서 우리는 그다지 특별한 것도 아닌 것 같은 이 구체적인 계획대로 4 세대만 하면 어느 가정에서든지 증손주에게 집을 사 줄 수 있는 500억 원의 신탁, 펀드가 마련될 수 있다는 것을 배웠단다. 그래서 우리는 이것을 시작했단다."

"너무 좋은 계획 같아요." 빌이 말했다. "빨리 **GOODPLAN (좋은 계획)** 강의 동영상을 받아서 보고 싶어요. 그런데 만약에 자녀가 돈을 안 갚으면 어떻게 되나요?"

아빠가 대답했다. "자녀들이 어느 한 달이라도 돈을 안 갚으면 우리에게 손해를 주는 것이 아니라 자기 자녀의 돈을 훔치는 거라고 나는 자녀들에게 명확히 설명했단다. 돈이 우리에게 돌아 오는 게 아니라 자기 자녀들의 집을 사 줄 펀드로 들어가는 거니까. 그렇게 하니까 어느 한 달도 안 갚은 자녀가 없었단다. 그래서 이제까지 잘 되고 있단다."

그러자 수가 이삭에게 물었다. "그럼 이삭 너는 자녀를 위해서 뭘 하고 있니? 네 자녀들이 아직 어리다는 거 알지만 넌 자녀들을 위해 뭘 준비하고 있는지 궁금해."

이삭이 대답했다. "사실 우리는 집을 현금으로 샀기 때문에 매달 갚을 필요가 없어서 집 값 매달 갚을 액수만큼을 저축 항아리에 넣기 시작했어. 우리 모든 자녀들에게 집을 사 주려고 이제까지 10년 정도 모으고 천천히 배가시키고 있어. 우리 자녀들이 커서 결혼할 때쯤 되면 충분한 이상의 돈이 있을 거야."

그러자 아빠가 이삭과 레이첼을 향해 말했다. "우리가 너희에게 이 말 한 적이 없는데, 너희는 이미 집이 있어서 우리가 너희에게 집을 사 줄 필요가 없었기 때문에, 우리가 너희 집 사라고 줄 액수만큼의 돈을 따로 계좌에 넣어 두었단다. 그 돈을 천천히 배가 시키고 있고 그 돈을 네 자녀, 우리 손주들의 집을 사는데 쓰기로 했단다."

"아빠!" 이삭이 소리쳤다. "너무 멋져요! 저희 자녀들 집 사 줄 돈이 너무 많은 것 같아요. 그렇다면 다른 개발 도상 국가의 영양실조 어린이들을 더 돕고 더 많은 고아원을 후원하는데 돈을 더 낼 수 있으면 좋겠어요."

레이첼은 시부모님이 자신과 자신의 자녀들에게 베풀어 준 사랑과 은혜에 감동 받아서 이삭 옆에 앉아서 조용히 울었다.

빌은 이것을 믿을 수가 없었다. 부모와 성인이 된 자녀 사이의 이런 관계는 빌에게 있어서는 먼 나라 이야기였다. "이거 믿을 수가 없어요. 제 아버지가 이런 말씀하시리란 것은 상상이 안 돼요. 제 아버지가 계속 말씀하셨던 것, 특히 제가 성인이 된 후에 말씀 하셨던 것은 아버지로부터 어떤 도움도 기대하지 말라는 것이었어요. 아버지는 말씀하셨어요. '내가 네 나이였을 때 아무도 나를 도와 주지 않았다. 나 스스로 서는 것을 배워야 했지. 너도 스스로 해내는 남자가 되어야 해.' 제 아버지는 가계의 축복에 대한 개념이 없으셨어요. 제 할아버지도 아버지에 대해 같은 태도셨구요."

> 나는 하나님께서 다음 세대가 그 전 세대보다 삶의 모든 영역에서 더 뛰어나게 되기를 의도하셨다고 믿는다

"많은 사람이 그런 태도를 가졌다는 것 나도 안다." 아빠가 말했다. "극심했던 핍박 때문에 우리는 가족끼리 똘똘 뭉치고 다음 세대를 돕는 것을 배울 수 밖에 없었다고 나는 생각한다. 그리고 나는 또한 하나님께서 다음 세대가 그 전 세대보다 삶의 모든 영역에서 더 뛰어나게 되기를 의도하셨다고 믿는다. 그렇기 때문에 잠 13:22에서 '선한 사람'의 원리에 대해 말씀하신다고 나는 믿는다."

세 부부는 대화를 좀 더 계속했다. 빌과 수는 이삭의 부모님께서 그날 저녁 시간을 함께 해주신 것이 너무나 감사했다. 문을 나서면

서 빌은 책을 읽고 동영상 강의를 보고 Financial Foundations(재정의 기초) 주말 체험 과정을 하고 나서 다시 이런 만남의 시간을 가질 수 있을 지 물었다. 이삭의 아버지는 이 숙제들을 하고 나서 그 다음 실제 단계에 대해 이야기 나누도록 다시 만나자고 인자하게 말했다.

빌과 수가 이 실제적인 단계를 밟고 이삭의 아버지와 두 번 정도 만남을 더 가지는 동안 그들은 살던 집과 세 내 준 집을 30 % 손해 보는 가격으로 내 놓았지만 팔지 못했고, 1 년 후에 빌의 회사가 축소되어 빌이 직장을 잃게 되었을 때 그들은 집 두 채를 압류 당해서 은행에 집을 잃었다. 아이러니하게도 빌과 수가 집을 사기 위해 대출받았던 은행의 최대 주주는 이삭의 삼촌이었다.

다섯 번째 비결

당신의 자녀의 자녀에게 유산을 남길 것을 계획하라. 당신의 손주나 후손 어느 누구도 집을 사기 위해 은행에서 돈을 빌리고 이자를 내는 일이 있지 않도록 전략을 디자인하고 실행하라.

생각해 보기

1. '선한 사람'이 되고 자녀의 자녀에게 유산을 남기기 위해 당신은 무슨 준비를 했는가?
2. 이제까지 어떤 면에서 당신의 삶은 빌과 수의 길을 갔는가? 그리고 어느 영역에서는 이삭과 레이첼의 삶의 모습과 같은가?
3. 당신의 삶과 가족의 삶에서 이 다섯 가지 부의 비결을 실천하기 위해 '그리스도인의 재정 원칙'(Wealth, Riches and Money) 책을 읽거나 GOODPLAN(좋은 계획) 동영상 강의를 보거나 Financial Foundations (재정의 기초) 주말 체험 과정에 참석할 계획이 있는가?
4. 자녀의 자녀에게 유산을 남기는 것을 시작하기 위해 당신은 오늘 어떤 실제적인 단계를 밟을 수 있겠는가?

Five Wealth Secrets 96% of us Don't Know

CHAPTER 7
결 론

지금 많은 사람들이 빚과 수처럼 많은 빚 속에서 허우적대며 이런 상황으로 인해 압도되고 낙심되어 있다. 당신이 이런 경우라면, 하나님이 당신 편임을 알고 용기를 내기 바란다. 그리고 이 다섯 가지 비결을 삶에 적용하기 시작하면 삶의 상황이 빨리 변화되는 것을 보며 당신은 놀라게 될 것이다. 우리가 작은, 단순한, 자연적인 걸음을 떼면 하나님께서는 큰, 초자연적인 걸음을 떼시는 것을 나는 너무나 많이 봤다. 초반부에서 이삭의 아버지가 나누었던 대로 마귀가 가장 좋아하는 전략 중 하나는 우리로 하여금 우리에게 없는 것, 우리가 할 수 없는 것에 집중하게 하는 것이다. 당신의 재정 상황을 변화시키는 열쇠는 당신에게 없는 것에 집중하던 것에서 있는 것에 집중하는 것으로 초점을 바꾸는 것이다.

96%의 사람들은 돈을 충분히 못 버는 것(그들에게 없는 것)이 재정의 문제라고 믿는다. 4%의 사람들은 이런 것을 문제로 여기지 않고, 가진 돈을 잘 관리하고 배가시키는 것이 도전이라고 여긴다. 그렇기 때문에 당신이 해야 되는 첫 단계는 이 근본적 패러다임을 바꾸는 것이다. 당신에게 얼마의 돈이 있는가가 문제가 아니라 가진 돈을 이제 좀 다르게 활용하기를 선택하는 것이 중요하다. 패러다임을 변화시키고 이 다섯 가지 비결을 체계적으로 실천하기 시작하면 당신의 재정 상황이 상상 이상으로 빨리 향상되는 것을 보게 될 것이다. 그래서 열쇠는 당신의 현재 상태에서 이 다섯 가지 원리를 하나씩, 하나씩 순서대로 실천하기를 시작하는 것이다.

그리고 이 다섯 가지 비결을 실천하기 전에 크래그 힐과 얼 피츠가 쓴 책, **'그리스도인의 재정 원칙(Wealth, Riches and Money)' (도서 출판 예수 전도단)** 읽기를 강력히 권한다. 당신이 빚이 있다면 빚을 빠른 속도로 제거할 수 있도록 성경의 기초적 가르침과 실제적인 계획을 제시해 주는 동영상 강의 **The GOODPLAN(좋은 계획)**[11] 도 주문해서 보기를 제안한다. 그리고 또한 당신이 사는 지역 가까운 곳에서 언제 다음 **Financial Foundations (재정의 기초)** 주말 체험 과정이 열리는지 인터넷에서 찾아 보라. 이런 자료들은 www.familyfoundations.com에서 주문할 수 있다.

---

11) 크래그 힐, The GOODPLAN (좋은 계획), (콜로라도, 리틀톤, Family Foundations International, Littleton, 2007)

결론으로 다섯 가지 비결을 실천할 구체적인 단계들을 복습해 보자.

1. 돈을 다섯 항아리에 넣으라.

먼저 항아리가 무엇인지 이야기 해 보자. 이삭의 아버지처럼 우리 부부는 자녀들이 어렸을 때 이 원리들을 가르치기 위해 실제적인 항아리들을 사용했고 성인인 우리는 항아리 개념으로 여러 은행 계좌를 사용하고 있다. 어떤 사람들은 돈을 한 은행 계좌에 넣고 여러 개의 컴퓨터 소프트웨어 계좌로 분리하는데 나는 이렇게 하면 각 항목으로 분배된 돈을 섞어서 잘못 쓸 큰 유혹이 생긴다고 믿는다.

이제까지 돈을 "여러 항아리"에 넣지 않았다면 5개의 은행 계좌를 사용하기 시작할 것을 제안한다. 대부분의 은행은 기쁘게 여러 계좌를 열어 주고 여러 계좌에 돈을 넣어 두는 것에 대해 수수료를 청구하지 않는다. 이렇게 하면 쓰는 돈과 다른 목적으로 할당된 돈을 혼동하고 과소비할 유혹이 없다. 우리가 거래하는 은행에서는 각 항아리로 자동으로 분배되도록 계좌 사이에 자동 이체가 되게 했다. 그래서 제일 주요 계좌에 돈이 들어 올 때마다 각 항아리로 할당량만큼 돈이 분배되게 자동 이체 된다.

당신이 결혼한 사람이라면 소득의 몇 퍼센트씩을 각 항아리에 분배할 것인지 부부가 같이 기도할 것을 제안한다. 매달 돈 100%를 쓰는데 익숙해 있다면 처음에는 이렇게 하는 것이 어려울 것이지만,

작은 액수일지라도 각 항아리를 사용하기 시작하는 것이 중요하다. 적은 숫자일지라도 하나님께서 큰 수로 곱하기를 하실 수 있다. 하지만 아무리 크게 곱하기를 해도 0을 곱하기 하면 그대로 0이다. 한 가족이 처음 시작할 수 있는 할당량의 예가 여기 있다.

- 주님의 십일조: 10%
- 헌금: 3%
- 저축: 3%
- 투자: 4%
- 소비: 80%

어떤 가족은 이런 분배를 보면 물을 것이다. "어떻게 소비를 80%로 줄여요? 소득 100%를 다 써도 모자라는 상황인데." 해결책은 당신이 매달 돈을 지불하고 있는 가치 절하되는 품목을 팔고 정리하고, 비전대로 살도록 매달 수입에 맞게 소비 스타일을 줄이는 것이다. 1장에 나왔던 아빠의 친구 트란씨를 기억하는가? 그는 비전을 위해 축소된 삶의 스타일로 살았다. 당신의 비전은 무엇인가? 당신은 명확한 비전이 있는가? 그것을 이루기 위해 현재 삶의 스타일을 바꿀 만큼 가치 있는 비전인가? 그러면 두 번째 비결로 가게 된다.

2. 비전에 집중하라.

당신의 부르심과 비전을 명확히 하도록 결혼한 사람이라면 부부가 같이 기도하고 미혼이라면 혼자 기도하라. 많은 사람들이 돈을 위해 일하는 덫에 빠져 있다. 그렇게 하지 말고 비전을 위해 일하기 시작하고 비전을 성취하는데 돈이 쓰이게 하라. 돈을 위해 일하고 있다면 시간을 내서 기도하며 진짜 당신 마음의 비전이 무엇인지 찾으라.

다음 두 질문에 답을 하는 비전 선언문을 적어 보라. 1. 하나님께서 내가 무엇을 하도록 나를 창조하셨는가? 2. 나는 무엇을 하기를 좋아하는가? 아마 이 질문에 대한 답이 당신에게 명확한 비전 선언문을 제공해 줄 것이다. 명확한 비전이 생기면 이 비전을 이루도록 집중된 재정의 계획을 달라고 하나님께 더 기도하는 시간을 가지라.

3-1부. 배가 되는 것에만 투자하라.

당신이 빚이 있다면 첫 번째 목표는 그 빚을 제거하는 것이다. 다시 한 번, 빚 제거를 돕기 위해 동영상 강의 **The GOODPLAN(좋은 계획**[12]**)**에 투자할 것을 제안한다. 이자로 나가는 돈은 결코 배가 되지 않고 당신의 자원을 없앨 뿐이고 빚은 당신을 돈을 빌려준 사람의 노예가 되게 한다. 모든 빚 제거를 첫 번째 우선 순위로 삼으라.

두 번째로는 배가되는 것에 투자할 목적으로 '투자' 항아리에 돈

---

12) Ibid.

을 모으기 시작하라. 대부분의 사람들은 배가되는 투자를 찾을 줄 모른다. 어쩌면 당신에게는 4%의 사람인 이삭의 아버지 같은 아버지가 없을 수 있다. 내가 당신에게 해 줄 수 있는 최고의 제안은 이 비결들을 이미 배웠고 이 분야에 기술이 있는 멘토에게로 인도해 달라고 기도하는 것이다. 그런 사람으로부터 조언과 도움을 받는 것이 배가하는 것에 투자하기를 배우는 가장 효과적이고 빠른 방법이다.

3-2부. 조직을 인도하고 성장시킬 부르심이 당신에게 있다면 충성된 사람, 배가시키는 사람에게 투자하라.

리더는 영적, 재정적, 관계적 모든 삶의 영역에서 충성된 배가자를 찾아서 그들에게 투자해야 한다. 당신이 리더로 부르심이 있다면, 이제까지 삶의 어느 영역에서 배가자가 아닌 그냥 친구에게 시간, 에너지, 돈을 썼는지 인식해 봄으로 이 새 과정을 시작하라. 당신이 자원을 어떻게 투자했는지 재평가 해 보고 자원을 충성되지 않고 비생산적인 사람에게서 충성되고 생산적인 배가자에게로 옮길 것에 대해 기도해 보라.

그렇다고 해서 배가하지 않는 사람에게 시간, 에너지, 돈을 쓰지 말라는 것은 아니다. 배가자가 아닌 사람들에게 자원을 쓰지만 이 자원은 다른 항아리에서 나와야 한다. 즉 시간과 돈과 에너지의 '투자' 항아리가 아니라 '헌금' 항아리에서 나오는 것이다. 성경에서 고대 이스라엘 농부들에게 가난한 사람들이 와서 주워 가도록 밭의 가장 자리는 추수하지 말고 남겨 두라고 하셨다. 그래서 농부들은 생산적 배가자가 아닌 사람들에게 곡식을 주었다. 하지만 이 농부들은 많은 시간과 자원을 비생산적인 사람들에게 투자하지는 않았고 곡식을 받은 사람들로부터 무언가가 돌아오기를 기대하지 않았다. 당신도 그렇게 하라고 제안한다. 배가자 아닌 사람들에게는 베푸는 것이 옳은 일이지만 '투자' 항아리의 시간, 돈, 에너지는 충성되고 생산적인 배가자라고 증명된 사람들에게 쓰라고 제안한다. 누가 충성된 배가자인지 결정하는 방법은 많은 사람들에게 '므나' 또는 정해진 책임 기한 날짜까지 어떤 도전에 반응할 기회를 주는 것임을 기억하라. 각 사람이 어떻게 하는지 보고 임무를 충성되게 수행하고 그것을 넘어서까지 더 배가시키는 사람에게 투자하라.

96%의 사람들은 사람들에게 므나를 주어서 자격이 될 사람을 찾는 일을 거의 하지 않고 배가자 아닌 사람들에게 투자하면서 언젠가 어떻게든 배가되는 일이 일어나기를 그냥 바랄 뿐이다. 그러면 투자하는 사람은 실망하고 좌절하게 되고 관계가 불편해지고 긴장감이 생기게 된다. 므나로 자격이 되는 사람을 찾아서 충성된 배가자에게 투자하는 것이 훨씬 스트레스가 적다. 당신의 많은 돈, 시간, 에너지를 배가자 아닌 사람들에게 투자하던 것에서 이제는 충성된 배가자에게 투자하는 것으로 바꿀 때 긍정적인 변화가 생기고 좌절감이 줄어 드는 것을 보며 당신은 놀라게 될 것이다.

4. 경제 사이클을 이해하고 예상하고 준비하라.

현재 경제 사이클의 단계, 특히 당신의 삶과 일에 영향을 미치는 시장과 관련된 경제 사이클이 어느 단계에 있는지를 잘 살펴 보라. 당신 삶의 기간 동안 있었던 일이 앞으로도 쭉 계속되리라고 추측하지 말라.

경제와 재정 분야의 조언을 받으려고 할 때 당신에게 제품을 판매하거나 서비스를 제공해서 돈을 버는, 그런 목적으로 당신과 관계하는 사람들로부터만 조언을 받지는 말라. 재정 서비스 산업에 종사하는 재무 설계사와 투자 상담가는 투자상품을 판매함으로 돈을 번다. 그런 사람들로부터 경제나 재정의 자문을 받는 것은 자동차 판매 영업소에서 세일즈 사원으로부터 차 구입에 대한 조언을 받는 것과 같다. 그 날은 그 영업소에서 차 사기 좋은 날이 아니니까 좀 기다리라거나 아니면 아예 사지 말라고 하는 경우가 있을까? 결코 그런 일은 없다!

치우치지 않은 사람들로부터 현재 경제 사이클에 대해 객관적인 조언을 받으라. 전반적인 경제와 당신 삶에 영향을 미치는 구체적인 경제 부분이 사이클의 팽창 쪽에 있는지 수축 쪽에 있는지 판단하라. 당신 나라의 경제 사이클의 현재 단계를 이해하고 다음 단계를 예상할 수 있으면 경제의 그 다음 단계를 위해 준비할 계획을 세우도록 주님과의 시간을 가지라.

5. 손주들에게 유산을 남길 계획을 세우라.

손주를 돕고 그리고 후손에게 유산을 남기고자 현재 당신이 가진 계획이 있는지 평가해 보라. 당신이 후손을 재정적으로 축복해 주도록 하나님께서 당신에게 어떤 계획을 주셨는지 부부가 같이 기도해 보라. (미혼일 경우 혼자 기도하라.) 다시 한 번, 당신 손주를 빌려주는 자의 노예가 되게 하는 현재의 재정 시스템으로부터 구해내도록 도움이 될 훌륭한 도구인 **The GOODPLAN (좋은 계획)** 동영상 강의를 보라고 제안한다. 우리 가정에서도 이것을 하고 있고 많은 사람들이 이것을 통해 이 목표를 이루고 있는 것을 보았다. 당신 손주나 후손 어느 누구도 집을 사기 위해 은행에서 돈을 빌리고 이자를 낼 필요가 있지 않도록 전략을 세우고 실행할 수 있다. 손주에게 유산을 남김으로 '선한 사람'이 되도록 당신 가정 안에서 계획을 디자인하고 실행할 것에 대해 기도해 보기를 권한다. (잠 13:22).

결론을 내리면서, 이 다섯 가지 비결은 순서대로 실행하는 것이 중요하다는 것을 말하고 싶다. 첫 세 비결이 제대로 되지 않은 상태에서 네 번째나 다섯 번째 비결을 실천하려고 하는 것은 별로 효과적이지 못하다. 돈을 여러 항아리에 관리하는 것부터 시작하라. 이 한 가지 변화만으로도 극적인 결과가 생길 수도 있다. 돈을 여러 항아리에 관리하는 것이 편안해지고 이것이 효과적으로 잘 되고 있으면, 명확한 비전을 세우도록 하나님께 나아가라.

각 단계를 순서대로 밟아가면, 당신이 그 다음 단계를 위해 준비

된다는 것을 보며 놀라게 될 것이다. 당신도 모르는 사이에 벌써 다른 사람들을 멘토링 해 주면서 하나님께서 당신에게 보이신 비결을 그들에게 나누는 4%의 부자가 되어 있을 것이다. 솔로몬이 왕이 되었을 때 했던 기도대로 하나님께서 당신에게 주신 부르심과 목적을 온전히 다 이루도록 당신이 온 마음을 다 해 하나님께 지혜와 지식을 구하기를 기도한다. 하나님께서 당신 손에 주신 자원의 청지기로서 당신이 충성된 배가자가 되기를 기원한다. 주님의 재림 때에 당신이 "잘 하였도다, 나의 착하고 충성된 종아. 네가 작은 것에 충성하였기에 열 도시를 다스릴 권위를 네게 준다!"는 말씀을 듣게 되기를 바란다.

요약

96%의 사람들은 다음과 같이 하는 경향이 있다.

- 여러 항아리를 사용하지 않는다.
- 비전이 없다.
- 배가되지 않는 것에 투자한다.
- 경제 사이클을 모르며 준비하지 않는다.
- 가계의 축복을 위한 체계적인 계획을 추구하지 않는다.

96%의 사람으로부터 이제 4%의 사람으로 바뀌기 위해서 이 다섯 가지 비결을 당신 자신에게 주입시키라.

첫 번째 비결

돈을 다섯 항아리에 넣고 각 항아리의 퍼센트를 할당하라. 소비 항아리에 할당된 퍼센트만큼 자발적으로 제한해서 소비하고 다른 항아리의 일을 위해 다른 항아리로부터 돈을 꺼내 오지 말라. (특별히 소비를 위해)

두 번째 비결

공급에 집중하지 말고 비전에 집중하라. 하나님이 주신 부르심과 목적을 발견하라. 돈에 따라서가 아니라 부르심에 따라서 직업을 선택하라. 온 마음을 다해 비전과 부르심을 추구해 나가고, 자연스럽게 공급이 비전에 따라올 것을 기대하라.

세 번째 비결: 1부

배가되는 것에만 투자하라. 가치가 절하되는 것을 구입하기 위해서 돈을 결코 빌리지 말고, 가치가 증가되지 않거나 빌린 돈의 이자보다 더 큰 수입을 얻게 하는 것이 아닌 것에 투자하기 위해 결코 돈을 빌리지 말라. 당신의 재정의 영역에 한 주인, 하나님만 있게 하라. 온유한 삶의 스타일로 살고 삶의 중요한 영역에서 여분이 있게 살라.

세 번째 비결: 2부

리더로서 돈, 시간, 에너지를 충성되고 배가시키는 사람들에게 투자하라. 충성된 배가자를 찾기 위해서 구체적인 자격 시험 (므나)을 치게 하라. 그리고는 충성된 배가자에게 투자하고, 당신의 많은 시간, 돈, 에너지를 시험에 불합격했거나 주어진 기회에 반응하지 않는 사람에게 투자하지 말라.

네 번째 비결

경제는 일직선이 아니라 사이클로 흐른다는 것을 기억하라. 그렇기 때문에 항상 경제 사이클의 다음 단계를 예상하고 준비하라. 경제가 팽창할 때와 수축할 때 둘 다를 위해 준비하는 것을 배우라.

다섯 번째 비결: 손주에게 유산을 남길 것을 계획하라. 당신의 손주나 후손 어느 누구도 집을 사기 위해 은행에서 돈을 빌리고 이자를 낼 필요가 없도록 전략을 디자인하고 실행하라.

생각해 보기

1. 돈을 많이 못 번다는 것이 당신의 재정의 문제라고 믿는가? 그랬었다면 이제는 당신의 재정적 어려움의 주요 문제가 무엇이라고 생각하는가?
2. 당신 삶의 어떤 영역에서 당신에게 없는 것, 할 수 없는 것에 집중했는가? 그것을 변화시킬 당신의 계획은 무엇인가?
3. 다섯 가지의 부의 비결 중 당신 삶에서 약간이라도 이미 실행한 비결은 무엇인가? 어느 비결은 당신이 노력해야 되는 비결인가? 그렇게 하기 위한 당신의 계획은 무엇인가?
4. 현재 당신의 삶에서 가장 기도가 필요한 부분은 무엇인가?
5. 현재 당신의 삶에서 재정과 관련되어 가장 기도가 필요한 부분은 무엇인가?

부 록

Five Wealth Secrets 96% of us Don't Know

저자 크래그 힐 (Craig Hill) 에 관해

크래그 힐은 아내 젠과 두 아들과 함께 미국콜로라도 덴버 근처에 살고 있다. 크래그와 젠은 국제가정사역원 Family Foundations International(FFI)의 리더이다. FFI는 비영리 기독교 사역단체로서 세계여러나라에서 사람들의 삶을 변화시키며 가정의 축복을 세대간에 계승하는 세미나를 열고있다. 크래그 힐은 베스트 셀러인 '가정 축복의 길' The Ancient Paths, '그리스도인의 재정원칙' God's Biblical Principles of Finance ; Wealth Riches and Money과 '96%의 사람들이 모르는 다섯가지 부의 비결' Five Wealth Secrets 96% of us Don't Know을 포함한 여러 권의 책을 저술했다.

크래그는 사업, 선교, 상담과 목회 사역의 다양한 경험을 통해 결혼, 가정, 재정, 대인 관계에 관한 특별한 통찰력을 하나님으로부터 받게 되었고, 그래서 많은 사람들의 삶의 관계에서의 갈등, 강박적 행동, 낮은 자존감, 일 중독, 재정 공급의 부족, 세대간에 내려오는 부정적인 패턴 등의 원인을 분석하고 해결하는 능력을 갖게 되었다.

하나님께서 크래그를 기름부으셔서 그가 나누는 성경적 진리와 그의 개인적 삶의 이야기를 통해 많은 사람들의 생각이 변화되고 마음 깊은 곳까지 하나님의 만지심을 경험하는 일이 일어나고 있고 그래서 많은 사람들의 삶에 진정한 변화가 일어나고 있다.

크래그는 러시아 지역연구와 지리학으로 B.A.를, 그리고 시카고 종합대학에서 M.B.A학위를 받았고, 1987년 지역교회 담임목사로 세움받았다.

고대의 길 세미나 안내

www.familyfoundations.com
Family Foundations International(FFI)
하나님의 고대의 축복의 길을 받아 들이는 것은?
당신이 결코 잊지 못 할 마음의 경험이 될 것이다!

FFI는 미국 콜로라도 외곽에 베이스를 둔 비영리 기독교 사역 단체다. FFI는 전 세계 많은 라에서 지역 교회와 사업체를 통해 세미나를 열고 여러 가지 사역의 도구를 제공한다. 크레그와 젠 힐 부부가 FFI의 설립자다.

고대의 길 (Ancient Paths) 세미나는 견고한 성경적 진리를 제공해 주고, 크레그 힐이 나누는 여러 예화는 참석자의 마음을 열어 줘서 그들의 혼에 안식과 진리를 받게 해준다. 세미나의 강의의 목적은 정보만 주려는 것이 아니라 마음을 만지려는 것이다. 그렇기 때문에 강의가 참석자의 과거 삶에 있었던 숨은 상처를 드러내 주는 경우가 많다. 소그룹 시간에 참석자는 자신의 상처 영역에 있어서의 하나님의 진리와 빛을 찾는 노력을 하고 그것을 받게 된다. 세미나 스케줄이나 가까운 FFI 사무실을 찾으려면 www.familyfoundations.com을 보기 바란다. (단 한국의 FFI 사역은 2013년 9월 30일 대전의 생수 교회에서 첫 가정 세대 축복 (BG) 세미나를 개최하며 시작되었고 여러 자료를 지금 번역 중에 있으며 점진적으로 사역을 확장하고 있다.)

문의 : 김민희 minirubykim@yahoo.co.kr) FFI의 세미나 코디네이터를 통해 세미나가 열릴 수 있고 구입 가능한 자료에 대한 소개는 아래에 나와 있다.

◎ 세미나

고대의 길 관계 강화시키기 세미나 (ER, Empowering relationships)

관계 강화시키기(ER) 세미나는 우리 삶에서 하나님과 자기 자신과 다른 사람들과의 관계를 하이라이트해서 다루는 강의와 소그룹 사역 시간을 갖는 세미나다. 이 12 시간 짜리 세미나에서는 다음 주제가 다뤄진다.
- 관계적 커뮤니케이션과 주제적 커뮤니케이션
- 파괴적인 태도, 습관, 행동의 전투에서 승리하기
- 관계를 손상시키는 뿌리를 제거하기
- 성인의 여덟 가지 부정적인 삶의 패턴을 이해하고 끊기

고대의 길 가정 세대 축복 세미나 (BG, Blessing generations)

가정 세대 축복 (BG) 세미나는 인생의 일곱 번의 중요한 때에 축복해 주는 것의 힘에 대한 강의와 소그룹 사역 시간을 갖는 세미나다. 이 12 시간 짜리 세미나에서 참석자는 사람을 성공하게 능력을 부여하는 가장 중요한 요인인 축복해 주기에 대해 배우고 축복을 받는 경험을

하게 된다. 와서 축복해 주기에 대해 배우고 이것을 당신 삶에 적용하라. 이 세미나에서는 다음 주제가 다뤄진다.
- 우리 삶에서 중요한 일곱 번의 축복의 때
- 축복받지 못 했을 때 생기는 결과
- 하나님 아버지의 축복을 심어주기
- 이름의 힘

고대의 길 세미나 (The Ancient paths seminar)

고대의 길 세미나는 원래 '관계 강화시키기'와 '가정 세대의 축복', 두 가지 주제를 한꺼번에 다루는 집중적인 16 시간짜리 세미나다.

고대의 길 언약의 결혼 세미나 (CM, Covenant Marriage) (언약의 결혼 리트릿)

이 세미나에서 부부들은 자신의 결혼을 향한 하나님의 마음, 언약의 진정한 의미, 언약의 헌신의 힘에 대해 이해하게 된다! 부부가 어떻게 더 친밀해 지고 연합되는지, 어떻게 이혼을 방지하는 지 배우라. 이 주말 리트릿의 마지막 시간에는 결혼 서약을 다시 하는 예식을 갖는데 많은 부부는 결혼을 인치는 역할을 하는 서약의 말의 힘에 대해 처음으로 깨닫게 된다. 이 세미나에서는 다음 주제가 다뤄진다.

부부간의 커뮤니케이션
- 어떻게 하면 당신 부부의 이혼을 방지할 수 있을까
- 당신 부부를 향한 하나님의 마음과 하나님의 완벽한 방법을 이해하기
- 왜 당신의 결혼에 있어 보혈의 언약과 문지방 언약의 성경적 관점이 중요한가
- 결혼과 언약이 어떻게 하나님의 형상을 보여 주는가

고대의 길 분노 극복하기 세미나 (OA, Overcoming Anger)

분노 극복하기 세미나는 분노의 실제적이고 성경에 기반을 둔 이유를 제시하고, 우리 삶에 있는 분노와 강박적인 습관을 극복하는 실제적이고 성경적인 해결책을 제시하는 세미나다. 이 세미나에서는 다음 주제가 다뤄진다.

분노의 싸이클
- 왜 하고 싶지 않은 것을 나는 하게 되는가?
- 분노와 좌절감의 진짜 근원을 찾아 내기
- 내 삶을 지배하는 다른 사람과 삶의 상황의 힘을 제거하기
- 분노를 극복하기 위한 중요한 세 단계

고대의 길 마음을 변화시키기 세미나 (TH, Transforming Hearts)

이것은 제 2 단계의 세미나인데 FFI의 어느 세미나를 하고 나서도 할 수 있는 후속 세미나다. 이 세미나에서는 다음 주제가 다뤄진다.
- 믿는 자의 권위
- 수치심으로부터의 자유
- 굳어진 마음을 부드럽게 하기
- 그리스도 안에서 내가 누구인지에 다시 초점 맞추기

고대의 길 재정의 기초 세미나 (FF, Financial Foundations)

이 세미나는 (전에는 "재정적 성공 Financial Success"이라고 불렸음) 다른 많은 기독교적 재정 세미나와는 다르다. 이 강의 내용은 재정에 관한 "실제적" 정보를 다룰 뿐 아니라 재정을 성경적 관점과 마음의 관점으로 가르치는 크레그 힐의 하나님의 말씀에 대한 이해함에 성령의 기름 부음이 있다. (마 6:21). 이 세미나에서는 다음 주제가 다뤄진다.

- "맘몬"은 무엇인가?
- 빚을 해결하는 체계적인 지침을 배우기
- 돈의 다섯 가지 성경적 사용법 배우기
- 어떻게 하면 재정 영역에서 하나님의 축복을 풀 수 있는지 배우기

고대의 길 질문 세미나 (The Question)

이것은 특히 젊은이들을 위해 디자인된 흥미진진하고 삶을 변화시키는 강의와 오디오/비디오 프리젠테이션 자료를 사용하는 세미나인데 나이 든 사람들의 마음도 열어 주는 세미나임을 우리는 보게 되었다. 이 12 시간 짜리 세미나에는 우리로 하여금 생각하게 하는 동영상 강의와 소그룹에서의 나눔과 기도, 참석자의 마음에 성령님이 하시는 사역이 포함된다. 질문 세미나는 두 가지 버전이 있는데, 하나는 남자를 위한 세미나, 하나는 여자를 위한 세미나다. 이 세미나에서는 다음 주제가 다뤄진다.

- 나는 누구에게 이 질문에 대해 답 하게 했나?
- 내가 오늘 하는 행동이 무슨 변화를 가져 올까?
- 이성과는 어떻게 관계해야 할까
- 내가 결혼할 맞는 사람을 만나면 어떻게 알아볼까?

◎ 사역 훈련

FFI의 사역 훈련은 리더와 미래에 리더가 될 사람들에게 문제를 인식하고 소그룹에서 성령님이 효과적으로 기도 사역을 인도하시도록 가르치는 집중된 훈련 과정이다. 필수 조건: FFI의 세미나를 적어도 하나 이상 사람. 이 훈련에서는 다음 주제가 다뤄진다.

- FFI 사역의 철학
- FFI 사역의 과정
- 수치심에 대한 사역
- 축복해 주는 단계
- 견고한 진을 인식하기

◎ 코스

부부 커뮤니케이션 : 사랑의 결속을 새롭게 하기

이 8주 짜리 과정의 자료를 구입해서 여러분이 사는 지역에서 이 코스를 열 수 있는데 이것은 몇 쌍의 부부를 소그룹으로 모아서 한 부부가 인도하는 형식으로 이루어진다. 이 코스에서는 다음 주제가 다뤄진다.
- 왜 여자는 비판하고/비난하고, 왜 남자는 안 듣고/신경도 안 쓸까?
- 왜 우리는 낭만적인 사랑의 감정을 잃었는가?
- 어떻게 하면 그것을 회복할 수 있을까?
- 당신 배우자가 가장 원하는 다섯 가지가 무엇인지 파악하고 그것을 채워주는 방법을 배우기
- 감정의 싸이클과 남자와 여자가 스트레스에 대처하는 큰 차이점
- 부부 싸움을 해결하고 갈등을 해소하는데 필요한 세 단계
- 결혼 생활의 성취감, 만족감을 방해하는 가장 큰 요소를 정복하기

이성 교제 : 로맨스와 결혼을 위한 하나님의 고대의 길

이성 교제 코스는 이성 교제와 데이트에 관한 것으로 부모와 십대 청소년을 위한 10주짜리 동영상 학습 과정이다. 이 자료를 구입해서 당신

이 사는 지역에서 이 코스를 열 수 있는데 이것은 부모와 십대 청소년이 포함된 4~5 가정이 소그룹으로 모여 이성 교제의 주제를 함께 공부해 나가도록 디자인되었다. 이 코스의 목적은 하나님이 선택해 주시는 아들/딸의 배우자를 찾는 일에 부모와 자녀가 협력할 것을 동의하고, 세상의 방법대로 데이트 하는 것의 위험성을 부모와 자녀가 잘 이해하게 하려는 것이다. 이 코스에서는 다음 주제가 다뤄진다.

- 로맨스를 향한 하나님의 계획
- 이성 교제 vs. 데이트
- 관계의 기준
- 젊은 사람의 마음에 들어 가는 문
- 십대 청소년들이 반항하는 이유
- 잠재적 배우자에게서 봐야 될 8가지 자질
- 하나님 안에서의 이성 교제의 일곱 단계

www.familyfoundations.com

한국의 FFI 사역은 2013년 9월 30일 대전의 생수 교회에서 첫 가정 세대 축복 (BG) 세미나를 개최하며 시작되었고 여러 자료를 지금 번역 중에 있으며 점진적으로 사역과 세미나를 확장하고 있다.

문의: 김민희
minirubykim@yahoo.co.kr